図説

アイデア入門

言葉、ビジュアル、
商品企画を生み出す
14法則と99の見本

狐塚康己

宣伝会議

はじめに

アイデアは天から降りてくる

長年講師を務める宣伝会議コピーライター養成講座で、受講生に「アイデアが天から降ってきたことがありますか」と聞くと、毎回必ず何人もの人が大きく手を挙げます。正確にいえば、アイデアというのは降りてくるものではなく突然思い浮かぶものなのですが、その瞬間を表現するとまさに天から降りてくるように感じるようです。

そして、彼らは「どうすればよいアイデアが浮かぶのか」ということを一番知りたがります。

アイデアはレトリックでできている

アイデアについてまず言えることは、当たり前からは決して降ってこないということです。人は決まりごとのワクからはなかなか離れられないものなので、常識から離れられないうちはアイデアは降ってこないのです。この決まりごとのワクを突破するために、2000年以上も前にギリシャで考えられたのが「レトリック」です。レトリックは決まりごとを壊しながら新しいものをつくる魔法のようなものですから、それを知らないでいてはアイデアを得るために大変な回り道をしなくてはなりません。しかも技術といってもそんなに大それたものではなく、誰でも身につけられる方法といったほうがいいかもしれません。まさにアイデアを降らせる方法が目の前にあるわけですから、それを本書でオープンにしたいと思います。

発想法はめんどくさい

アイデアに関する書籍は、大きく２つの系統があります。１つはいかに常識から外れるかという、態度や気の持ち方を中心に書かれたものです。常識から外れることの重要性が書かれており、役に立つものが多いと思います。もう１つは「発想法」など、技術に関してのものです。発想法はアイデアを出すための技術的な「指南書」とでもいいましょうか、そこには必ず具体的ないくつかの発想の仕方が書かれています。アイデアを得るための技術は重要だと思いますが、私には何かが欠けているように思えてなりません。そこにはグループワークの匂いや、勉強の匂いがします。

事実、発想法の需要は企業に多く、特に商品開発で集団的発想に適するような工夫がされています。それらはグループリーダーがワークショップを指導するには適していますが、いざ個人で読んで実践しようとすると何か抵抗がある。私自身読んでいるうちにめんどうくさくなって、放り投げたことが何度もありました。おそらく楽しくないのが原因なのでしょう。アイデアはわくわくしながら楽しんでつくるもの。苦しみながらではアイデアは降ってきてくれません。

レトリックでアイデアが楽しく降ってくる

レトリックを学ぶとは、勉強することではなくアイデアが生まれる楽しさの追体験なのです。つまり考えた人や作者やアーティストのわくわくするような新しい見方を、同じように味わって自分が考えたような気持ちになることで身につけるのです。本書ではレトリックを14に分けてパターン化することで、より似ている組み合わせの追体験をしやすくしています。そして、読者の皆さんが実際にすぐに活用できるよう、筆者がみずから描いた99のイラストを解説付きで紹介しています。ビジュアルをなるべくたくさん使うことで、読者に楽しみながら自分でつくったつもりになってもらえるようにしました。

ことばとビジュアルと商品の壁を越えるレトリック

レトリックは今まで言葉中心に考えられすぎていました。でもアイデアはありとあらゆるところに出現します。本当はアイデアのあるところにはレトリックが隠されているのです。言葉とビジュアルと商品などにレトリックは同じように作用します。コピーライターがビジュアルのレトリックを見てコピーのレトリックを思いついたり、商品企画をする人が広告コピーのレトリックを見て新しい商品のアイデアを思いついてほしいと思います。そのために本書では14の新しいものをつくる「組み合わせ」でレトリックを類型化しています。14の既成概念や常識の壊し方とも考えられますし、14の創造の仕方ともいえます。レトリックによる発想がさまざまなジャンルの発想に役立つことを願っています。

レトリック用語がちょっと堅いので、取っつきにくいところがあるかもしれませんが、そんな時はイラストを中心に読み進めていただければ十分に理解できるようになっています。難しく考えず、楽しく読んでいただけることを願っています。

狐塚康己

目次

アナロジー
メタファー
擬人化
パロディ
隣接喩
反復・集合
コントラスト
逆転
結合
ミスマッチ
単純化
増量／分離
誇張

◎本書内で引用している広告コピーに記載している年号は、『コピー年鑑』1963－1989（誠文堂新光社）、『TCC 広告年鑑』1990－1998（誠文堂新光社）、『TCC 広告年鑑』1999（宣伝会議）、『TCC コピー年鑑』2000（宣伝会議）、『コピー年鑑』2001（宣伝会議）、『コピー年鑑』2002－2003（六耀社）、『コピー年鑑』2004－2012（宣伝会議）の掲載号を表しており、必ずしも制作年と一致していない場合があります。

◎コピー表記、コピーライター名、広告主名、商品・サービス名は、原則として上記年鑑掲載時のものに拠っています。

1章

アイデアとレトリック

アイデアとは

広告制作や商品企画では、まず商品やブランドの問題や課題を整理して、戦略を決めます。この段階についてはノウハウがたくさんあります。マーケティングと結びついた戦略プランニングや商品プランニングについては研究や書物もたくさんあり、勉強が可能です。一方で、戦略立案後のクリエイティブワークに関しては、一般的なノウハウが極めて少なくなります。共通のフォーマットやプラットフォームがなく、極端にいえばクリエイティブ部門の能力や、クリエイター個人の才覚にかかっているといわざるを得ません。億単位のお金がかかっている広告や商品の生命線であるアイデアが、クリエイターの勘と経験に依存しているのはあまりにも心もとないことです。広告や商品がオリジナリティを形成し、ブランド力をもつためには、アイデアが非常に重要であり、アイデアのノウハウがもっと世の中にオープンになる必要があると痛感します。

では、アイデアとはどんなものなのでしょう。アイデアは小さなひらめきから、世紀の大発見や大発明まで幅の広いものですが、新しいものを生み出す原動力に変わりはありません。

ジャック・フォスターの『アイデアのヒント』（阪急コミュニケーションズ）にはアイデアに関して何人かの言葉が出てきます。作家のジェイコブ・ブロノフスキーは創造性について「芸術家であろうと科学者であろうと、多種多様な自然のなかに新しい統一を見つけたときに創造が始まる。

それまで似ていると思わなかったものの間に類似点を見つけることで、人は創造的になる。創造的な心とは、思わぬ類似性を見いだそうとする心なのである」と言っています。また、フランシス・H・カルティエはアイデアを手に入れる方法に関して「新しいアイデアを手に入れる方法はただ一つ。それまでにもっていた二つ以上のアイデアを組み合わせたり結びつけたりし、以前は気づかなかった関係が見いだせるような新しい並べ方にすることだ」とはっきり言っています。作家のアーサー・ケストラーは「クリエイティブな独創性とは、何もないところからアイデアを創造することではない。しっかりと確立された考え方を組み合わせ、相互に深め合うというプロセスからアイデアを生むことだ」と書いた上に、さらに「創造的な行為とは、すでに存在する事実、考え、技能、技術を新たに発見し、選び、並べ直し、組み合わせ、統合することである」と書いています。ここで共通しているのは、アイデアや創造はないものからつくるものではなく、すでにあるものからつくるということ。それから、アイデアはまったく新しい組み合わせであること。このことをすでに1940年に発表した人がいます。それがジェームズ・W・ヤングです。ヤングはアメリカの広告会社J.W.トンプソンのクリエイティブ出身で、会長を経て全米広告業協会の会長を務めた人です。今日でもコンスタントに売れているヤングの著書『アイデアのつくり方』(阪急コミュニケーションズ)は日本のクリエイターにもおなじみの書です。その中でヤングは、アイデアに関してもっとも単純にはっきりと書きました。「アイデアとは既存の要素の新しい組み合わせ以外の何ものでもない」と。

アイデアは新しい組み合わせを考えること

アイデアが「既存の要素の新しい組み合わせ」であるなら、ある程度ノウハウ化できるのではないでしょうか。つまり組み合わせ方のパターンを整理することが可能なはずです。もうだいぶ前になりますが、J.W.トンプソンに所属していた頃、国際クライアントのクリエイティブを説明する時には、ロンドンで作成されたアイデアの分類リストを使うよう全世界的に指示が出たことがあります。国を越えると、言葉や文化に関わるアイデアに関して、他の国では理解できなくなることが往々にしてあるからです。その分類リストを使って説明すると、日本的と思われるアイデアでも外国人に十分通じました。この時は玄米フレークという日本開発の製品だったので、江戸時代と現代の結合というアイデアでCMをつくったのですが、結合のアイデアであることを説明すると外国人はすぐに納得しました。そのアイデアリストにレトリックの種類や写実などが説明されていたわけです。これは広告クリエイティブ用アイデアリストなので、写実系のアイデアも重視されていますが、私にとって収穫だったのはレトリックなるものの存在を知ったことでした。

アイデアとレトリック

海外で外国人クリエイターと一緒に仕事をするとよくわかるのですが、

海外のクリエイティブ作品はレトリックを駆使したアイデアだらけです。2000年にわたるレトリック文化の厚みをひしひしと感じます。カンヌライオンズ国際クリエイティビティ・フェスティバルに行くと、レトリックの効いた画期的なアイデアの作品が賞に選ばれるのを目のあたりにすることができます。たとえば2002年のグランプリはナイキのキャンペーンでした。アイデアは「鬼ごっこのパロディ」で、大の大人がニューヨークのど真ん中でナイキのシューズをはいて鬼ごっこをするのです。みんなが知っている子どもの鬼ごっこを引用してみせたアイデアなので、誰にでもわかります。日本のCMはタレント広告が多いですが、外国ではタレントの代わりがレトリックなのかなと考えてもおおげさではありません。

レトリックを重視する傾向はグラフィック広告も変わりません。ビジュアルアイデアを考えるのはアートディレクターの仕事ですが、コピーライターやクリエイティブディレクターがビジュアルアイデアを出す場合もあります。CMの企画を考える時、コピーライターは文字コンテでビジュアルやシーンを考えるので（脚本も文字でできていますね）、グラフィックでもアイデアを考えることが得意な人が多いのです。ちなみに「copywriting」の「copy」の本来の意味をご存知でしょうか。「copy」を広告文案と訳すのが現在の常識になっていますが、「copy」には実はもともと文章の意味はありません。「writing」のほうに文章を書くという意味があるのです。「copy」のもともとの意味は「クリエイティブ」だったのです。かつて私が、ある国際クライアントの仕事をした時の話ですが、広告戦略が決まった後に「今度はコピーを見せてください」と言われたことがありました。

私はてっきりキャッチコピーのことだと思っていたら、そうではなく、CMのストーリーボードを考えろという意味で、クリエイティブアイデアのことだったんですね。クリエイティブという言い方をする前は、アートを含めてコピーと言っていたそうです。そういえば今でもクリエイティブ戦略といわずに、コピー戦略とか、コピープラットフォームと呼んでいる国際企業がいくつかあります。そしてそのコピーやクリエイティブの核心部であるアイデアを昔からレトリックが支えてきたのです。

言葉でもビジュアルでも「既存の要素の新しい組み合わせ」、これこそがレトリックの得意技なのです。アイデアのすべてがレトリックではありませんが、新しい組み合わせを考えたり、提示する技術はレトリック的なものです。日本ではあまり使われないレトリックですが、2000年という歴史が積み重ねてきた西洋のレトリックの遺産が、もっと広い意味でアイデアという言葉に帰結したように思えます。

レトリック的な考えが
なぜアイデアを生み出せるのか

レトリックはもともと、効果的な言葉はどのようにつくられるのかを分析し、整理したものです。常にクリエイティブなものができた後に、後追いでどうしてそれが効果的なのかを分析し、積み重ねた集大成なのです。ですからはじめにレトリックありきで考えてはいけません。典型的な新しい組み合わせをつくる原点的なパターンと考えて取り組む必要があります。

また、時代によっても変わりますし、今日のように視聴覚のメディアが発達した時代では、言葉や文章以上に視覚や音情報もレトリック的なものを取り込んでいます。さらに組み合わせも複雑になり、1つだけでなく、2つ3つのレトリックが重層的に組み合わされることも、現代ではよく見かけるようになりました。昔から比べれば、レトリック的なことは複雑化しているといえども、基本はあまり変わりません。かつては大福のように見えた月も、現代ではボールアイスに見えるようなものです。言葉からビジュアルまで、記号がものすごく増えただけではないでしょうか。

レトリック的な発想で創造を目指す人間の指向は、人類が太古から持ち合わせていたものであり、それは発明発見などを生み出した能力だと思います。あるものを、まったく違うものと組み合わせることで、歴史は発達してきました。それまでの常識やコード（暗黙の社会通念や既成概念）を壊して新しい組み合わせが成立し、逆に新しい組み合わせが常識を壊す。そしてそのレトリック的な思考や発想にはパターンがあるのです。

アイデアの類型化とレトリック

アイデアをつくる方法や、評価の仕方を考えた場合、いちばん手っ取り早いのは、アイデアを類型化することです。古来、アリストテレスなど哲学者や詩人が修辞学や詩学で芸術の方法論を類型化しましたが、レトリックを拡大した現代のアイデアは類型化することがまだ十分できていないように思われます。むしろ西欧の遺産である、類型化のできているレトリックをアイデアの類型化に利用したほうが、発想や鑑賞や評価の役に立ちます。本書はアイデアを生み出すパターンを、レトリックで類型化しようという試みなのです。

一般化したレトリックの言葉にはじまり小説や広告コピー、デザイン、商品企画や建築まで含めてレトリックの組み合わせで分類していきます。

日本におけるレトリック研究の第一人者である佐藤信夫さんが書かれた『レトリック事典』(大修館書店) や『レトリック感覚』(講談社学術文庫) は大変参考になります。これを参考にするとともに、本書では現代的なレトリックを多用する、広告や映像やデザインにも使えるよう分類し直して、より参考にしやすいアイデアブックを目指しました。

現代のレトリックとは

レトリックとは元来、古代のギリシア語「レトリケ」に由来した「修辞学」と呼ばれる弁論技術の体系でした。1. 発想(主題の問題点を探し出し)、2. 配置(どのように順序立て)、3. 修辞(いかに効果的に表現するか)、4. 記憶(口頭弁論のための暗記)、5. 発表(発声、身振りなどの技術)の部門に分かれて体系化されてきました。効果的な言語表現の技術としての形態が消滅した現代では、この用語は、言語表現の技巧や効果をわざとらしく高める悪い意味で用いられることも多くなりました。

しかし一方で、優れた文学作品や映像、デザインなどの多方面の芸術、創造的な表現の分野では、アイデアという形に変わったレトリック的な技術が実績を積み重ねています。現代のレトリックは、言葉や映像や記号の新しい組み合わせまでもつくり出し、新たな表現や認識を提示できるところに特徴があります。

映像などの視覚的レトリックは、言葉のレトリックと同じような組み合わせが可能な場合もありますが、言葉では成立しない視覚独自のレトリックや、言葉のレトリックのジャンルを超えた、どちらにも解釈できるようなレトリックになる場合がしばしば起こります。本書ではそういうことが起こることも含めて視覚的なレトリックを中心に紹介していきたいと思います。

アイデアとコンセプト

広告や商品企画では、しばしば「コンセプト」という言葉が使われます。長い文章で書かれる場合もありますが、ここで使う例には、わかりやすい短いコンセプトを紹介します。コンセプトは広告や商品開発をするための新しい考え方の提示ですので、レトリックが多く使われます。

たとえば広告の例で言うと「空飛ぶホテル」。「飛行機」と「ホテル」を組み合わせた言葉で、この組み合わせ方は快適な「飛行機」を快適な「ホテル」という似たイメージに置き換えてつくった言葉です。アイデアは「メタファー」と呼ばれるレトリック、つまり「イメージの似たものへの置き換え」でできています。このようにアイデアを使って新しい認識や提案を示す言葉、これがコンセプトです。アメリカの有名なチョコレートのメッセージは「口で溶けて、手で溶けない。」ですが、これもコンセプトです。これはコントラストのレトリックでできています。

コンセプトが商品企画に使われる場合は、商品コンセプトといいます。先日、私が教える大学の商品企画の授業で、学生のあるグループが「海の中のホテル」というアイデアをプレゼンテーションしました。工事やメンテナンスに難があるとはいえ、竜宮城のようなホテルで感心しました。これはミスマッチのレトリックでできたコンセプトです。商品企画や建築では問題や課題を、コンセプトを発見することで解決に導きます。ですからコンセプトにはアイデアが込められている必要があります。そして、そのアイデアはレトリックを使った新しい組み合わせでできているのです。

広告にしても商品企画にしても、コンセプトは言葉で書かれますが、言葉を組み合わせる時に重要なのは、言葉のレトリック以上に、考え方のレトリックなのです。

コードとレトリック

言葉のレトリックは、２つの言葉のもつ異なった常識やコード（暗黙の社会通念や既成概念）を組み合わせることで、新しい見方を提示します。この場合、常識やコードの存在が重要なのです。２つ以上の常識や既成概念を利用して、新しい認識をつくる。有名な西武百貨店の広告コピーに、糸井重里さんが書いた「おいしい生活。」があります。この場合「おいしい」は常識的に食べ物の味を表します。一方「生活」は衣食住に関する人間の営みのことです。普通は一緒に使わない言葉同士を結びつけることで、ある種の強烈な違和感が生じます。普通なら「充実した生活」というところですが、これでは一般的すぎて誰も見向きもしません。しかし、これを「おいしい生活」としたとたんに、西武百貨店は「何か新しい充実したワンクラス上にいける気分になる提案」をしていると感じるようになります。これがレトリックの効果です。文法のコードから逸脱した表現をつくることで、コミュニケーションが成立するという新しい言葉の組み合わせ。今では「おいしい」は「おいしい話」というように普段使われる言葉になりつつあります。普段使われている言葉も、もともとはレトリカルな新鮮な言葉であったものがたくさんあって、たとえば「敵の犬め！」といえば、犬は「スパイ」の置き換えで、擬人化の一種です。このように通常の言葉も最初はクリエイティブな力を持っていたのですが、時間を経てコード化していくのが歴史なのでしょう。

クリエイティブな言葉というのは、すでにある常識的な言葉の新しい組み合わせが、異なったコードのぶつかり合いを生んで、インパクトやコミュニケーション力を生んでいるのです。ですから、レトリックを考える場合、まず既にある言葉やコードを重要視する必要があります。

視覚の法則とレトリック

言葉に常識やコードが重要であるのと同じように、視覚のコミュニケーションにも常識やコードが重要です。視覚のコードというのは、視覚化している決まりごとや常識ですから、常識的なものの形、お正月のしめ縄や門松から、クリスマスツリーやサンタクロースの姿まで典型的な決まりごとなどがあります。また現代では沢山のサインがあります。交通標識、信号、男女の形をしたトイレサインやエレベータの開閉サインなど、なくてはならないものばかりです。さらにブランドのマークや色など、おびただしい数があります。こういったコードがあるということは、視覚にもレトリックが存在するということです。たとえば典型的な人の形があり、魚の形があれば、そこに人魚という2つの異なった形を一緒にするレトリックが生まれます。これは結合のレトリックです。

視覚については常識やコード以外に、法則性という視覚コードのようなものがあります。これも視覚レトリックを考える時には、重要な常識のひとつになります。視覚的な見やすさや美しさの基本ですね。まっすぐな直線、正円などの図形は美しさの基本です。それから対称形。動植物など自然界に常識的にある美しさの基本で、人間がつくってきた形にもよく表れる美の法則の一つです。建築物はたいてい対称形をしています。ノートルダム寺院、伊勢神宮、東京タワーなど力学的な理由もありますが、形としての安定度が重要なのでしょう。反復も視覚的な安定度や美しさの基準となります。同じ形のくり返しは、心臓の鼓動のように安心感を人間に与えます。音楽のコードと同じようですね。

これらの視覚の法則を破り、クリエイトする作用がレトリックにはあります。たとえば、対称形を破った例として有名なのが、日産自動車のキューブです。車の前と後ろの形というのは、人間の顔と同じように基本的に対称形をしています。しかしキューブはこの常識に挑戦しました。後ろの左窓に窓枠がないのです。そのためとてもユニークに見えて目立ちます。実はこの理由は、左側通行の国の運転者にとって死角となる部分を減らすという機能的目的もあるのです。が、デザイン上はミスマッチのレトリックによって印象的な形を演出していると考えられます。

言葉から、聴覚、視覚、味覚などにわたり、常識やコードとレトリックの闘いは演じられてきましたし、これからはますます激しくなると思われます。しかし世の中にコードが増えつづければ、それだけレトリックの組み合わせの数が無限に広がっていくと考えます。

レトリックの種類

レトリックは大きく分けて、「置き換える」手法と、「枠組みを変える」（並べ替え）手法の２つの「新しい組み合わせ」のつくり方があります。

「置き換え」は比喩（trope）と呼ばれています。何かしら似ている、または付属する他のものへ置き換えることで、新しい見方を示したり、説得したりする方法のことです。昔から「レトリックを駆使する」という言い方は、いい意味でも悪い意味でもよく使われてきました。文章表現や作詞法においては、もっとも一般的なわかりやすいアイデアのつくり方です。簡単にいうと「たとえる」ということになります。

本書ではビジュアルのレトリックも考えて、典型的な類型を５つに分けています。「類似性に基づく比喩」４種と「隣接性に基づく比喩」で覚えておいてください。これについては後述します。

「置き換え」ではなく、「枠組みを変える」レトリックをスキーム(scheme)といいます。スキームという言葉は、現代では「枠組み」そのものの意味で使われますが、レトリックでは「枠組みを変える」という意味で使います。常識的な文章、物事、コードや記号などのあり方を見直して、並べ直したり、ずらしたりする、「置き換え」以外の新しい組み合わせで提示する方法です。大きく9種類の典型的な類型に分けています。

レトリックの類型

<table>
<tr><td rowspan="5">置き換える
レトリック
比喩
(Trope)</td><td rowspan="4">類似性
による
置き換え</td><td>① アナロジー（明喩）</td><td>明らかにわかる置き換え</td></tr>
<tr><td>② メタファー（暗喩）</td><td>イメージが似ているものへの置き換え</td></tr>
<tr><td>③ 擬人化（擬物化）</td><td>人や動植物、ものなどへの置き換え</td></tr>
<tr><td>④ パロディ（引用）</td><td>有名な人・こと・ものへの置き換え</td></tr>
<tr><td>隣接性
による
置き換え</td><td>⑤ 隣接喩（提喩・換喩）</td><td>その一部や代表するものへの置き換え</td></tr>
<tr><td colspan="2" rowspan="9">枠組みを変える
レトリック
スキーム
(Scheme)</td><td>⑥ 反復・集合</td><td>規則的にくり返し並べることで、目立たせる</td></tr>
<tr><td>⑦ コントラスト（対比）</td><td>横に並べることで、差を際立たせる</td></tr>
<tr><td>⑧ 逆転</td><td>反対や逆にする</td></tr>
<tr><td>⑨ 結合</td><td>2つ以上の異なるものを1つにする</td></tr>
<tr><td>⑩ ミスマッチ</td><td>合わないものを並べたり結合する</td></tr>
<tr><td>⑪ 単純化（省略・隠す）</td><td>省略することで印象づける</td></tr>
<tr><td>⑫ 増量</td><td>常識的な数や量をさらにを増やす</td></tr>
<tr><td>⑬ 分離</td><td>常識的な組み合わせをひきはがす</td></tr>
<tr><td>⑭ 誇張</td><td>ある側面をありえないほど強調する</td></tr>
</table>

2章

置き換えるレトリック

比喩（TROPE）

置き換えるレトリック 比喩(trope)

「置き換える」レトリックは、レトリックの基本です。一般的には比喩といいます。大きく２種類の置き換え方があって、「類似性による比喩」と「隣接性による比喩」にわかれます。

「類似性による比喩」とは、何らかの似ている他のものに置き換えることです。われわれはよくたとえ話を持ち出しますね。たとえ話は、何か似たものや共通性があるものに置き換えて書いたりしゃべったりします。意味が似ていたり、音が似ていたり、形が似ていたり、イメージが似ていたりするものに置き換えて表現しますね。肌が白いから「白雪姫」というのは、イメージが似ているものに置き換えたメタファーでできた言葉です。「うちの犬はお父さんにそっくりだ。」という擬人化や、「有名なロダンの考える人のように悩んでいる。」といったパロディなどがよくあります。これらは皆、似たものへの置き換えなので類似性による比喩の仲間です。

隣接性による比喩とは、似ているものに置き換えるのではなく、あるものの一部で全体を置き換える場合や、逆に全体で一部を置き換えるというものです。あだ名がそうですね。たとえば夏目漱石の『坊っちゃん』に「赤シャツ」と呼ばれる教頭が出てきますが、一人の人間を一部の着ているシャツで代表させています。一方、ワインで「ブルゴーニュを空けた。」といえば、生産地全体でひとつのあるブランドの赤ワインを空けたことをいっているので全体が部分を代表している例です。言葉で説明しにくい隣接喩ですが、後述する実例を見ればわかると思います。

【比喩】置き換えのレトリック

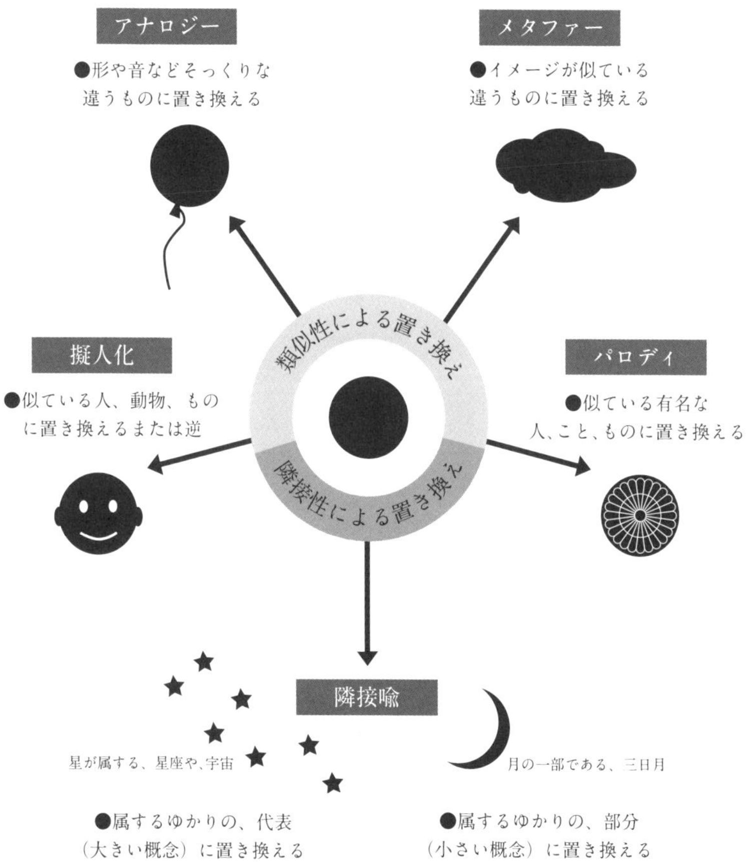

アナロジー
●形や音などそっくりな
違うものに置き換える
メタファー
●イメージが似ている
違うものに置き換える
類似性による置き換え
隣接性による置き換え
擬人化
●似ている人、動物、もの
に置き換えるまたは逆
パロディ
●似ている有名な
人、こと、ものに置き換える
隣接喩
星が属する、星座や、宇宙
月の一部である、三日月
●属するゆかりの、代表
(大きい概念) に置き換える
●属するゆかりの、部分
(小さい概念) に置き換える

1

そっくりなものへ
置き換える

【アナロジー（明喩）】

置き換えるレトリック

①【アナロジー（明喩）】

誤解のない明快な置き換え、アナロジー（明喩）

若い女のひとが、鳥の飛び立つ一瞬前のやうな感じで立つて私を見てゐた。

（太宰治『メリイクリスマス』）

私はふところの中の紙幣が、水から上ったばかりの魚のようにイキイキと躍動するのを感じた。

（安岡章太郎『陰気な愉しみ』）

「アナロジー」とは「類推」とか「比喩」という意味で、明らかに似ている他のものに置き換えることをいいます。本来のレトリック用語ではありませんが、ここでは同じ意味なので「明喩」とします。明喩は言葉上では「のように」と表現する場合が多く、上記の小説の一文を見てもわかるように、普通使わない2つのまったく違う、でも何か似ている言葉を、「のように」を使っていわば強制的に組み合わせる方法です。「のように」を使うと置き換えがはっきりわかるので明喩といいます。「のように」を使わない明喩もあります。たとえば「の形に」などです。

また、形がそっくりなものとか、音がそっくりなものに置き換える明喩もあり、これは短くする必要のある広告コピーによく登場します。アイデアを考えやすく、見てもすぐわかるのがアナロジーです。たとえばまったく違うものも形が同じであれば、新しい組み合わせができます。しかも2つの世界が同時に表現できるので、誤解が少なくコミュニケーションが速いのが特徴です。

広告コピーのアナロジー

広告のキャッチコピーでは瞬間的なコミュニケーションが重要です。何しろ広告は、小説や美術のようにじっくり見たり読んだりすることが目的の積極的な鑑賞者がいませんので、瞬間的に目立って、なおかつ伝えなくてはいけないという宿命を背負っています。たとえば、テレビの番組中にCMが流れると、すぐにチャンネルは切り替えられてしまいますね。新聞や雑誌の広告は、記事の内容に興味があるので、よほどインパクトがないと見てもらえません。駅貼り広告も歩きながらでは立ち止まるわけにはいきません。こういった広告の宿命が、インパクトがあって瞬時に伝わる短いレトリックコピーを生み出したといえます。

広告では小説のように「のような」という長めになるアナロジーを使う余裕はなかなかありません。音がそっくりな言葉に置き換えるというアナロジーのほうがコピーによく使われるというのも、短くてすむことに起因していると思われます。

その中で、「のように」を使った次の秋山晶さんのコピーは秀逸です。

ジーンズやセーターはどこの国でも同じだけど、スーツはそのお国柄が出てくるので外国で着ている気分になれる、というような内容を「のように」を使ってアナロジーで二重写しにしています。

外国ではそこに住んでいる人のように
着るのが、スーツだ。

1987年　メルボ／紳士服　C：秋山晶

ネクタイ労働は甘くない。

1982年　伊勢丹／リクルートスーツフェア　C：眞木準

ボーヤハント。

1987年　日本ビクター／ムービー　C：眞木準

スカットランド北海道

1982年　全日本空輸／北海道キャンペーン　C：眞木準

　レトリックの天才だった眞木準さんの３本のコピーは、どれも音の共通性を利用して違う言葉に置き換え、瞬時に新しい言葉が新しいコミュニケーションを成立させています。つまり目が点となるような違和感と「そうだよな」という共感が、この短い文章で同時に起こっているのです。これもアナロジーによる二重写しの効果です。まったく異なった、でも似ている音の「ニクタイ」と「ネクタイ」、「ボーイ」と「ボーヤ」、そして「スコットランド」と「スカットランド」が置き換えで2つの世界を同時に見せる不思議です。

そっくりな音による置き換えはアナロジーではありますが、実は後述する「結合」と呼ばれるレトリックとも関係しますので、これについては「結合」を見てください。

アナロジーでビジュアルアイデアをつくる方法

アナロジーは明喩といいますが、誤解のない明解さに特徴があります。小説なのに、まるでビジュアルで考えたのではと思うほど明解な置き換えの例があります。29ページで紹介した太宰治の小説『メリイクリスマス』の「若い女のひとが、鳥の飛び立つ一瞬前のやうな感じで立つて私を見てゐた。」という表現です。きっと太宰はこの言葉を探すとき、このポカンとしたとまどいのビジュアルも想像しながら書いたと思います。鳥の羽根が開きかけ、脚の関節がちょっと曲がりはじめた瞬間の絵。これは絵にも描けるし、映画だったら女性に羽根を生やして映像を撮影すれば印象的なワンシーンができます。このように「のような」を映像の置き換えと考えれば、言葉の明喩は同時に形がそっくりというビジュアルのアナロジー表現でもあります。

コピーに比べると、ビジュアルのアナロジーは「のように」などの文字に頼れませんし、音もありませんのでつくるのが大変そうに思うかも知れません。でも実は一番簡単なレトリックではないでしょうか。視覚独特の形を頼りにした置き換えですので、ビジュアルアイデアは思いつきやすい。形の共通性を探せば大体のものが置き換えられてしまう。ロゴの「O」（オー）だったら顔の形そっくりだから、どんな顔にも置き換えられます。「ZOO」の「O」の部分にパンダとか熊の顔で置き換えることが可能です。星は金平糖にそっくり。飛行機はトンボにそっくり。ラグビーボールは椰子の実と同じような大きさの球形。広告なら歩きタバコ禁止をアピールするために、丸くて細長い電柱をタバコに置き換えることが可能です。

アートを脳科学で研究している慶應義塾大学の川畑秀明さんの著書『脳は美をどう感じるか』（ちくま新書）によると「アルタミラ洞窟の大天井画として有名なバイソンの壁画は、大きな岩の塊の形に合わせるようにしてうずくまった姿をしている。」と書いています。そっくりな岩の形をバイソンに見立てたわけです。つまりこれは人類が15000年も前にアナロジーのアイデアを駆使していた証拠です。そのくらい使いやすいのがアナロジーですので、美術やデザインのアイデア教育をまずアナロジーからはじめると、身につきやすいのではないかと思います。

01

【アナロジー】

口紅を
形がそっくりなロケットに置き換える

広告の場合、ビジュアルアイデアを考える前に、まず伝えたいことを決めます。伝えたいことをキーメッセージといいます（キーメッセージにアイデアを込めた場合はコンセプトといいます）。

このキーメッセージは「未来の口紅」というコンセプトと仮定します。次にビジュアルアイデアを考える場合、まず未来的な形を探ります。たとえば宇宙人や、星座や、惑星を考えますが、この時コンセプトの「未来」と「口紅」に共通する形を探るのがアナロジーによる組み合わせですから、未来的なもので口紅にそっくりな形をしたものを探せられればいいのです。行き着いたのはロケットです。なぜなら口紅とロケットの形はそっくりですから。形がそっくりなら置き換えは簡単です。口紅がロケットに代わって、打ち上げられて宇宙に向かって飛んでいきます。新発売でしたら、ケープケネディの打ち上げ基地から発射される瞬間がぴったりではないでしょうか。ロケットらしく見えつつも口紅らしさも表現するには、このように口紅のキャップを外したほうが効果的です。

みらいのくちべに新発売。

【アナロジー】

満月をゴルフボールに置き換えると

アナロジーのビジュアルアイデアの強みは、2つのまったく異なったものでも形の共通性があれば、簡単に置き換えることができることです。一番簡単なもののひとつに、円や球体があります。たとえば惑星や月は球体をしているので、いろいろなものに置き換えられます。野菜なら、赤い火星は人参に、月はカブに。スイーツだと、火星はみたらし団子、月は大福などです。ここでは月をゴルフボールに置き換えました。

ビジュアルアナロジーの置き換えの効果は、形だけでなく、その他の特徴にも共通性があったほうがより強くなります。ゴルフボールと月は、どちらも白くて表面に窪みがあります。ゴルフボールはディンプルで、月にはクレーターという違いはありますが、これだけ共通性があると置き換えは効果的です。

満月の夜、ゴルフマニアだったら「ゴルフボールのような月」を見ているかもしれません。アナロジーによる置き換えは、「月」と「ゴルフボール」が二重写しとなって、見る人に同時に2つのことが届きます。

ゴルフマニアの月見。

【アナロジー】

アナロジーで意外にそっくりなものを発見しよう

ビジュアルアナロジーを考えるには、いろいろなものを注意深く見ることです。シドニーでカンタス航空の国際キャンペーンを開発した時のことですが、クリエイターが全員、空港の巨大な整備工場へ連れていかれたことがありました。アイデアを発見するためです。その時に、あるアングルからカンガルーマークの尾翼が重なって、イルカの群れに見えたことがありました。これがきっかけで、尾翼がオーストラリアのいろいろなものに変化するというアイデアが生まれました。アイデアはリサーチが重要です。

たとえば地図を比較すると面白い違いが発見できます。パリの道路は環状型でニューヨークは格子状とかですね。東京の道路は、京都や大阪と違って江戸城を中心とした同心円状をしています。それに対して京都や大阪は格子模様をしています。特に京都は、中国の都の条里制（市街をマス目に区切る制度）をモデルにしているので、格子の形がはっきりしています。

東京の道路を空に描いてみると、蜘蛛の巣のパターンにそっくりです。アナロジーですから、東京の道路にも蜘蛛の巣にも見えるのが特徴です。

東京の蜘蛛の巣。

【アナロジー】

飛行ルートにそっくりな眠っているまぶたに置き換える

そっくりな形は必ずしも、もの同士とは限りません。ある時は記号やマークだったりもします。外国のあるインスタントコーヒーの広告では、記号にウールマークを使ってコーヒーの粉をウールマークの形に撒いた例がありました。これはコーヒーが純粋であることを伝えるために、純粋を表すウールマークに置き換えたケースです。

右の絵は、記号を使った航空会社の広告の例です。東京－ニューヨーク間は14時間のフライトでとても長いですね。しかも時差が激しいので、着いてからが眠くてつらいということが起きます。そこでよく眠れるフライトをアピールします。東京－ニューヨーク間の飛行ルートの弧を描く線に着目した場合、そっくりな眠りに関係する形はどんなものがあるでしょう。地図上の飛行ルートという記号と、よく眠っている人のまぶたの形がそっくりなことに着目して置き換えます。女性の熟睡しているまぶたのラインが、Tokyo－New Yorkという地図の形に置き換えられることで、よく眠れる直行便をシンプルでわかりやすいものにしています。

ぐっすりルート。

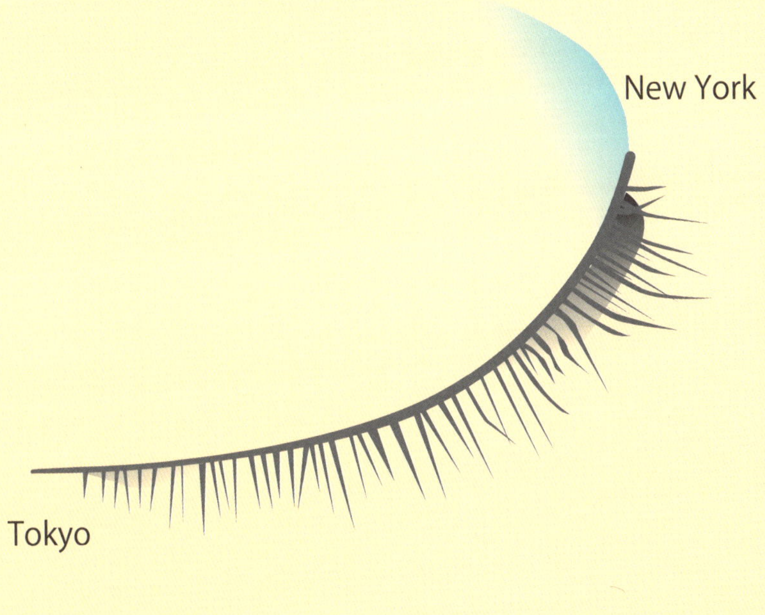

【アナロジー】

アナロジーによる商品企画

商品やプロダクトデザインでもアナロジーは重要視されます。有名な発想法の中に「システムアナロジー法」というのがあって、まったく異なる業界の製品によってシステム全体を置き換えてみる方法です。たとえば住宅メーカーで新しい家のアイデアを考える場合、家をカメラに置き換えてみます。するとズームレンズのように玄関が動き、雨の日に車から濡れずに家へ入れる、というような発想が生まれたりします。

言葉のアナロジーでは「のように」を使って、違うものが強制的に似ているものに置き換わりますが、ビジュアルのアナロジーが成立するには、２つの異なったもの同士が似ている形にならないと成立しません。一方に可塑性があればもう少し自由度は増します。たとえばプラスチックやお菓子などです。チョコレートやもみじ饅頭がさまざまな形にできるのは、可塑性のある材料によるアナロジーが成立するからです。

こけしはコショウミルとそっくりな形同士なので置き換えることができます。

新型コショウミル「こけしょう」。

06

【アナロジー】

建築デザインにおけるアナロジー
岩のホテル

コロンビア・ボゴタの建築に、サントドミンゴの丘の上に岩のように建つ図書館などがあります。本当にこれは画期的だと思うのですが、人口の建築物なのに風景の岩のように見えるのです。長らく世界を席巻したモダニズムのシンプルな流れの後にポストモダニズムがやってきたとはいえ、ここまでアナロジーで発想された建築は少ないですね。ファサード（顔となる建物の正面）には、ほとんど窓もなく形も規則的ではありませんが、妙にリアリティを感じます。コロンビアの建築ということを考えると、新しいアイデアは常に世界の中心文化の外から出現するという気がします。

湘南を走る江ノ電の軌道の上に、ロックホテルを考えてみました。かねがね江ノ電の走っている江ノ島と鎌倉間に良いホテルはできないものかと考えていて思いついたものです。軌道上も利用して海から崖全体を大きな岩にすれば、このあたり全体の風景を美しくつくれるのではないでしょうか。岩をホテルに置き換えた、こんなコンセプトのホテルができると楽しくないですか。

ロックホテル。

【アナロジー】

黒井千次のアナロジーの文章はビジュアルにするとメタファー

「律子は自分の声が楔形に時彦の背中に突きささっていくのを感じた。」（黒井千次『走る家族』）

この文章は、危険な運転をした男の背中に向かって、後部座席に同乗している女性が感じたことを表現している文章です。「のように」を使わず「楔形に」というアナロジーの置き換えがユニークです。何かしら刺したいような瞬間的な怒りやさげすみの気持ちを、スタイリッシュで現代的な印象で表しています。少し前の時代でしたら、楔形は凶器を表すビジュアルですから黒井千次でなければ、「ナイフの形に」とするところでしょう。

よく考えてみると、楔形は怒りやさげすみとはそっくりではありません。言葉では「〜形」があることでアナロジーですが、ビジュアルにすると単なる三角形になってしまいます。でもこの三角形を黒くして男の背中に向けて発射すると、ものの見事に凶器になって見えます。つまり黒い楔形をした三角形は、凶器のイメージに似ているというメタファーのレトリックになります。言葉と視覚のレトリックの関係ではこのようなことがよく起こります。

怒っています。

【アナロジー】

漢字を英語にする
アナロジーの魔法

文字に関するデザインでも、アナロジーを駆使すると画期的なデザインが可能です。北千住丸井の食遊館では壁面のインテリアやショッピングバッグのデザインに、廣村正彰さんがデザインした食べ物に関する漢字がデザインされています。「煮」の字の場合、部首の「灬」（れっか）がガスの４つの炎になっていたり、鮃の平の部分がヒラメの形になっていたりとアナロジーやメタファーの置き換えが駆使されています。文字の一部が絵文字化しているので、読めてしまう不思議さがあります。

今度は漢字を英語に置き換えるという試みをやってみましょう。英単語一文字が漢字に似ているというのはないので、英単語を部品にして漢字にそっくり置き換えるという大胆な試みです。しかも意味が同じ。「ALL」の訳は「全」ですから、漢字「全」のパーツをそっくりな英語「A」「L」「L」で置き換えたのですね。

こういった奇跡的な組み合わせを探すには、ひとつずつ辛抱強く組み合わせていく努力が実を結びますので、あきらめずに地道にパズルを楽しむことが重要です。

「全」を英訳しなさい。

09

【アナロジー】

アナロジーによる地域活性化計画

2011年の秋に共立女子大学のゼミ合宿で伊豆高原の地域活性化計画に取り組んだことがあります。グラフィックのゼミですが、プロダクトデザインと商品企画、建築の勉強も兼ねて、思い切って地域活性化のアイデアに取り組みました。あるチームが休火山の伊豆高原大室山（火口までリフトで上れる観光地）の活性化に挑みましたが、思わぬ収穫がありました。

火口の形がスタジアムそっくりであることを発見して、ここをライブコンサート会場にしようと右にあるようなスケッチを提案したのです。芝生に覆われた大室山の火口はライブコンサートにぴったりな形をしています。アナロジーを使ったアイデアですね。他にもボートでしか渡れない温泉施設など、地元の人達を喜ばせました。

そういえば、2012年に代々木で行われた国立競技場の国際建築デザインコンペでイギリスの女性建築家ザハ・ハディッドのデザインが選ばれましたが、次席となった案に火山の火口のようなアイデアがあってびっくりしました。

大室山の活性化。

【アナロジー】

意味をそっくりな形に置き換えるアナロジー

アナロジーの置き換えではありますが、今度は変化球です。タイポグラフィのデザインによく使われるアイデアで、同じ意味のビジュアルでユニークな文字をつくることができます。先ほどの漢字と英語の置き換えのように文字から文字への変換ではなく、文字から絵にして文字にするというものです。いわば絵による翻訳です。たとえば「fire」という英語の意味は「火」ですから、火の形でfireをつくるというものです。広告やパッケージのアイコン向きのアイデアですね。わからない英語も絵でできているので、瞬時に理解できる可能性があります。

右の絵は、漢字が表す同じ意味をビジュアルで置き換えて、同じ意味の文字にしました。「縫」という文字の断片をパッチワークで縫い合わせています。糸が布と布の出逢いをつくるという意味をこめて、いろいろな布を縫い合わせました。

こうすると、どんな漢字でもビジュアルでつくることが可能な気がします。漢字をビジュアル化するといろいろなものが見えてきます。

布の出逢い。

【アナロジー】

商品にも広告にもなる アナロジーのアイデア

ゴミのポイ捨てに関するマナーの改善にデザインが貢献できるのでしょうか。

公共広告のアプローチと、プロダクトデザインによるアプローチが考えられます。ゴミ捨てをゲーム化すれば楽しんでゴミを捨ててくれるのではないかと考えました。海外のCMでゴミ捨て場をサッカーゴールに見立て、喜んでみんなが捨てるという公共CMを見た覚えがありますが、ゴミ箱をもっと有効に使えるアイデアはないでしょうか。

バスケットボールのゴールであるバスケットは、考えてみればゴミ箱そっくりです。サーカーゴールと比べると、コントロール力が必要になりますが、バックボードに的があるので狙いやすく、ゲーム性が高くなります。みんなが喜んでゴミ捨てに参加できるゴミ箱です。きっと入れ損ねた人は、入るまで何回もトライしてくれそうですね。

このコンセプトなら、公園などに置いて話題性のある環境デザインやプロダクトデザインに応用できそうですし、公共広告のCMにするのも面白そうです。

ゴミバスケット。

【アナロジー】

原始時代をアナロジーにした貧困問題に貢献するデザイン

ユニバーサルデザインやエコデザイン、サスティナブルデザインという流れでここまできたプロダクトデザインの最近の話題は、被災者支援や貧困問題に貢献するデザインのようです。地震や火山を抱えている日本では、被災者支援に貢献するデザインのほうがより身近です。商品開発の授業でも、この２つの課題を出すとみんな被災者支援に貢献するデザインアイデアを考えようとします。それに比べると世界では、貧困問題に取り込む姿勢が強いのではないでしょうか。

住宅に水が完備していないアフリカの地域を考えると、給水の方法を見直す必要があります。給水車を待ってはいられないので、もっと人力を見直すことが重要ではないでしょうか。右の絵は、水を人力で大量に運ぶことができるデザインアイデアです。車のタイヤや、原始時代の巨大な石でできた転がる貨幣のアナロジーデザインです。

原始時代もアナロジーの組み合わせになるとは思いませんでした。

人力に戻ろう。

2

イメージの似たものに
置き換える

【メタファー（暗喩）】

置き換えるレトリック

②【メタファー（暗喩）】

イメージが似ているものに置き換えるメタファーはレトリックのエース

メタファーは暗喩と訳されます。アナロジー（明喩）と違って何となく似ているものに置き換えることです。はっきりと似ているものより、何となく似ているもののほうが、数ははるかに多いはずです。また、何となく似ている度合いは、はっきりわかるものから、言われないとわからないものまで幅が広いのが特徴です。明喩ほどはっきりしていませんし、人によっては誤解が発生することもあります。イメージが似ているものへの置き換えといえばいいでしょうか。共有されたイメージに頼る置き換えですから、イメージを共有できない人には通じない可能性があります。たとえば「白雪姫」の「白雪のような姫」という置き換えは、イメージが似ているものへの置き換えでできた日常語化したメタファーですが、雪を知らない人にとってはまったく理解不能になる可能性があります。幸い日本人の大半は雪の存在を子どもの頃から知っていますので、白雪姫が「真っ白い雪のような肌を持つお姫さま」の置き換えであることは理解できます。

コピーライターの一倉宏さんが書いたシャープのコピー「AQUOS COME TRUE.」は「Dreams come true.」を引用して、「Dreams」をイメージ上で「AQUOS」に置き換えたものです。この2つの言葉が持つイメージが似ていることを伝える力は「Dreams come true.」という英語を知っている人や外国人にだけ通じるように思えますが、音楽グループ「ドリカム」の存在があるので一般の人にも通じるのです。

メタファーはイメージの共有があれば、日本的なものでも国際的に通じる可能性があります。川端康成の『雪国』の有名な出だしで「国境の長いトンネルを抜けると雪国であった。夜の底が白くなった。」という一節がありますが、これがメタファーです。夜に底はありませんが、雪が視覚的に夜の大地の底辺を覆っているイメージに置き換えて「底」という言い方をしたのでしょう。このメタファーは情緒的ですが、日本だけでしかわからないものを使っていませんから外国にも通じます。日本人独特のイメージで置き換えると、外国人には理解不能になることがありますが、今日のように情報や記号が世界中で共有される時代では、新しいメタファー表現が続々と現れるに違いありません。

文学作品で有名なメタファーに次のシェイクスピアのものがあります。これはあこがれの上品な女性を「白鳥」に、くだらない女性を「カラス」に置き換えた一節で典型的なメタファーです。井上ひさしの一節は、名詞ではなく副詞のメタファーで、事件がニュースやネットではなく人づてに伝わる江戸時代の様子がありあり伝わってきます。

思い知らせてやろう、君の白鳥がただのカラスだったと。

（シェイクスピア『ロミオとジュリエット』）

事件は人の背中に背負われてひろまっていくほかはなかった。

（井上ひさし『新東海道五十三次』）

広告コピーのメタファー

やはり広告コピーにおいてもメタファーはレトリックのエースではないでしょうか。有名なフレーズが並びます。イメージが重要な現代広告においては、商品やブランドのイメージと、社会や生活のイメージをつなげることができるメタファーは便利な存在です。まったく違うものとイメージを結びつけられるので、意外性と共感を生む力があるように思います。

眞木準さんのコピーを２つ。カンビールのコピーは、「私の主食は、カンビール。」でも十分意外性を引き出すメタファーが効くのですが、「私の主食は、レタス。」「私の主食は、恋。」と３連発のメタファーにしたところが当時の女性のライフスタイルに結びついて、共感性が生まれます。

サントリーホワイトは、これから成長していくヤングアダルトに対して「発展途上国」というまったく違う、だけどこれから成長する余地があるという共通性で置き換えたメタファーです。

私の主食は、
レタスと恋とカンビールね。

1981年　サントリー／カンビール　C：眞木準

あんたも
発展途上人。

1984年　サントリー / サントリーホワイト　C：眞木準

海は、もうひとつの畑なんだ。

1990年　キユーピー / キユーピーマヨネーズ　C：秋山晶

南むきの性格が、彼女の日常を、
明るいものにしています。

1982年　資生堂 / 香水　C：佐藤芳文

距離にためされて、
ふたりは強くなる。

1992年　東海旅客鉄道 / シンデレラ エクスプレス　C：角田誠、後藤由里子

あなたは私の異国です。

1988年　パルコ　C：岩崎俊一

日本を休もう

1991年　東海旅客鉄道　C：生出マサミ、角田誠

大人は、とっても長いから。

2006年　東日本旅客鉄道／大人の休日倶楽部　C：岡康道、児島令子

おいしい生活。

1983年　西武百貨店　C：糸井重里

秋山晶さんのキユーピーは、マヨネーズが畑で採れた野菜にだけではなく海産物にも合うことを伝えようとしています。海を畑に置き換えたメタファーです。

佐藤芳文さんの資生堂のコピーは、「南むき」という不動産用語を、性格を表すたとえとして使うことで、印象深く言葉が心に入ってきます。他の業界用語を探して置き換えると新鮮な新しい言葉の組み合わせが見つかる可能性があることを、このコピーは示しています。

シンデレラ エクスプレスのコピーも効果的なメタファーです。「距離」は人を試しませんが、「試練」は人を試します。「試練」の置き換えに「距離」を使ったメタファーが効いていて、大阪と東京に別れ別れになったカップルが新幹線を使って逢いにいく強い姿が浮かんできます。

そのほかのコピーも、優れたメタファーで時代を表現したものです。新しいコピーを考える上で、メタファーの中にクリエイティブな鉱脈となる情報や出来事がまだまだ増えてくると思われます。

メタファーでビジュアルを置き換える

アナロジーとメタファーの差、つまり形が似ていることとイメージが似ていることの間には、どっちにもとれるようなグレーゾーンがあります。言葉では音がそっくりであったり、「のように」がついていたりするので差はわかりやすいのですが、視覚的な形では微妙な場合があります。たとえば雲をアイスクリームに置き換えた場合、おいしいイメージのメタファーで置き換えたのか、形が似ているアナロジーの置き換えなのかはっきりしない場合があります。はっきりいって、つくり手としてはどちらでもよいのではないでしょうか。アイデアは、アナロジーとメタファーの差を気にしないで考えたほうがつくりやすいと思います。解釈は見る人の楽しみということにしましょう。

イメージが似ているものというのは、アナロジーよりも多いのではないでしょうか。特に現代のようにものや情報があふれている状況では、次々と記号化したものもあふれてきます。メタファーを使ってビジュアルを考えることは、新しい表現を生み出す力になりそうです。

メタファーは、明解でそっくりな置き換えのアナロジーよりも間接的な表現になりやすいので、コミュニケーションに少し時間がかかるかも知れません。そのかわりに深みが出るので、伝わった人の共感は大きいと思います。

またメタファーは、直接的な表現があまり好きではない日本人にとって、実は適した表現でもあります。アナロジーよりは間接的で一瞬の間ができるコミュニケーションに適していると思います。

ビジュアルによるメタファーを考える場合、イメージが似ているけれど形が違いすぎて置き換わらない場合がありますが、そんな時は形がなんとなく似るように部品やその他の要素を接着剤にする工夫が必要です。この時、色は効果的な接着剤となります。昔、ビールカクテルの広告で、カクテルを猫に置き換えたメタファーをメインビジュアルにしたことがあります。どんな猫を出しても伝わらないのですが、猫をピンクにすると、一気に猫がカクテルに置き換わりました。メタファーのビジュアルを上手く使うには、まったく違う2つのものの間に共通性を見いだすのがポイントです。

【メタファー】

常識となった言葉のメタファーもビジュアルで新鮮に置き換える

みんなが知っているメタファーでできた常識的な言葉といえば、「人生は旅だ」とか「人生はドラマだ」などです。実際には人生は旅やドラマではありませんがイメージの上で旅のようだとか、ドラマのようだとたとえることで長い人生にはいろいろなことがあることを印象づけるのです。

視覚的な印象を表す常識的な言葉で、メタファー表現として有名なものに「日が昇る」や「日が沈む」がありますが、日は昇ったり沈んだりはしません。しかし人間には、太陽が水平線や地平線からが登ったり、沈んだりするようにイメージ上見えるので、こういう言い方ができたと考えられます。

右の絵は、「日が沈む」という言葉のメタファーをビジュアルにしたものです。絵にしてみると水の中に沈んでいく太陽の様子は誰も見たことがないので新鮮です。今では当たり前に使われすぎて、メタファーの持つ違和効果が感じられなくなってしまったありふれた言葉ですが、絵にしてみると元来の言葉ができた当時の違和感と感動がよみがえってくるような気がします。

日が沈む。

【メタファー】

メタファーでできた言葉を元の意味に戻す

お酒の飲み方やカクテルにはメタファーでつけられた名前があります。ブラッディマリー、レディキラー、ソルティドッグなどが有名です。ブラッディマリーは16世紀のイングランド女王メアリー１世が大勢のプロテスタントを処刑したことから「血まみれのメアリー」の意味で名づけられたそうです。血とトマトが赤い色の共通性によって置き換わったメタファーですね。またブルーハワイは海の青が置き換わっています。カクテルは色がメタファーの接着剤となっているものが多いのです。

ウイスキーなどのアルコール度が高い蒸留酒の場合、氷の上にダイレクトに流して飲むオンザロック(On the rocks)が有名です。オンザロックのロックはもともと「岩のようなイメージの氷の上に」というメタファー表現です。ですから元に戻して氷の代わりに冷えた岩にウイスキーを注ぎたいと考えました。まさにオリジナル・オンザロックでしょうか。写真で表現するともっとリアリティが出て面白くなると思います。

オンザロック。

15

【メタファー】

グラフをものに置き換える

インフォーメーション・グラフィックスやダイヤグラムの価値は、数字や情報をビジュアル化することによって、わかりやすくなったり実感できたりすることです。ゼミの卒業制作課題で、松尾芭蕉の『奥の細道』に取り組んだ学生がいて、江戸から大垣までの行程を２つのダイヤグラムにしました。１つは行程の標高表グラフに句を書き込んだもので、標高を誇張するというレトリック表現により、高いところに来ると句が多くなることを発見しました。もう１つは、句を書いた時の天気を調べ、天気図のメタファーとして晴れマークや雨マークを行程にはめていくものをつくりました。なんと雨の日に「あらたふと　青葉若葉の日の光」が書かれたなど、天気と句の関係の矛盾点が一目でわかるものでした。

グラフは比較をわかりやすくするものです。このグラフをさらにわかりやすくするためにスイカに置き換えてみました。スイカの出荷量と消費量の関係を、スイカの外側とむいた後の赤で表すと、新潟県の人が県内で食べてしまっている感じがよく出てきます。グラフのイメージ上での置き換え、メタファーです。

日本一スイカを食べる新潟。

【メタファー】＋【パロディ】

初音ミクの口をジッパーに置き換える

声を出さずに、音に合わせて口を動かしているシーンは、北京オリンピックや映画・プロモーションビデオなどでおなじみです。ここでは声が出ないように口を閉ざしていることを印象的にするために、閉じたジッパーに置き換えました。初音ミクに似たイメージを引用するのはパロディのレトリックでもありますが、ここで重要なのは閉じた口のメタファーとして、赤くて口の形に反っているジッパーの形です。ジッパーとわかりながら口のイメージを強めるには、ジッパーの色や形をなるべく口らしくすることです。このことで口でもありジッパーでもあるというメタファーの二重写しが成立します。

この場合、メタファー＋パロディというレトリックの二重構造がアイデアになっています。目を惹きつけるポイントが、有名なものとジッパーの口の２つあることは、発信力の強さに結びつきます。現代の広告ではこのようにレトリックの多重使用や、リアリズムとレトリックの二重使用などが増えている傾向がありますが、この傾向はさらに加速すると思われます。

くちぱくコンサート。

【メタファー】＋【コントラスト】

小説のタイトルをビジュアルのメタファーで表現する

バルザックの小説タイトルである『谷間の百合』は清楚な女性を表す言葉のメタファーですが、小説を知らない人にとってはわかりません。ビジュアルにするのはもっと難しい。谷間の百合でどう清楚な女性を表すのか。「清楚な女性」と「谷間の百合」の共通するビジュアルが必要になってきます。清楚な女性の服や顔が百合になるとか、逆に百合のおしべめしべが清楚な女性になっているようなビジュアルは思い浮かびやすいのですが、なんだかむりやり感があって、メタファー独特の百合にも女性にも見えるという二重写し効果がないのですね。こういう場合には他のレトリックを二重使用するとうまくいきます。

コントラスト（対比）のレトリックも使って鏡面にし、上半分は谷間に咲く百合で、下半分は都会のビルの谷間にいる清楚な女性にしました。こうすると水に映り込んだ田舎の百合が、実は都会の中で花開いた女性になっているというストーリーを、なんとなく表現することができます。メタファーのイメージが似ている置き換えをコントラストで表しました。

谷間の百合。

18

【メタファー】＋【誇張】

村上春樹のメタファーをビジュアルメタファーにする

レトリック表現が多い村上春樹の小説の中で、珍しくリアリズムで書かれた『ノルウェイの森』にも次のようなレトリックの一節があります。

「バケツ3杯ぶんくらいの嘘をついたのよ。」

このフレーズをビジュアルにしてみましょう。言葉では「ものすごくたくさん」を「バケツ3杯ぶんくらい」とユニークなメタファーで表現しています。また「たくさん」を誇張したいという気持ちが「バケツ3杯」にもなっていますから、誇張のレトリックでもあるのです。

ビジュアルのメタファーとして、まず「嘘」をどんなメタファーに置き換えるかがむずかしい。ホラ貝、いや違う、もっと可愛くなければなどと考え、嘘をついた「唇」に置き換えました。これなら色は赤いし、たくさん増やしても可愛くて女性的でよいのではないでしょうか。

「バケツ3杯」は誇張表現でもありますから、そのまま唇がバケツ3杯にいっぱいになった様子を表しました。

バケツ3杯のうそ。

19

【メタファー】＋【集合】

川端康成のメタファーをビジュアルメタファーにする

川端康成『雪国』の一節にこんなメタファー表現があります。

「よく見ると、その向うの杉林の前には、数知れぬ蜻蛉《とんぼ》の群が流れていた。」

よく考えると、トンボの群は飛ぶのであって、流れはしません。そこがメタファーです。流れているように感じたわけで、この場合「飛ぶ」という動詞が、イメージが似ている異なった動詞の「流れる」に置き換わっています。これをビジュアルで表現するには、杉林の前の「飛ぶトンボの群」を「流れるトンボの群」に変換しなくてはなりません。自由に飛んでいるトンボを、流れるように整理するにはどうしたらいいのでしょう。

流れるビジュアルって何があるのでしょう。日本古来の流れ表現、尾形光琳を代表とする琳派があるではないですか。ここではトンボの群の流れを出すために、「集合」のレトリックも使って、琳派風の川の流れにトンボを集合させました。有名なものを使うという意味では、「引用」ともいえますね。

流れるトンボ。

【メタファー】

工場をメタファーでアートに置き換える

アメリカの100年前の工場「ベツレヘム鉄鋼」がアートとして、色彩やライティングを加えてインスタレーションのようにラスベガスに保存展示されています。過去の遺産を残す記念碑的意味もありますが、それ以上に工場の配管やら煙突のごちゃごちゃした美しさを再発見し、オブジェにしてしまいました。部品や色や光を加えることで、アート化してしまっています。そこからは懐かしい工場の姿とアバンギャルドな新しいアートの姿が二重写しとなって見えます。工場をアートに置き換えるメタファーの力です。

日本でも昔の製鉄所などは残っていたらいいのに、などと考えていて、小学生の頃、遠足で京成電車から見た千住の発電所にあった「お化け煙突」を思い出しました。赤く塗ってネオン管をつけたり、ライトアップしたりしてアート化してみました。

本当にお化け煙突と発電所が残っていたら、アート化するよりは、かつての発電所が改修されてできたロンドンのテート・モダンのような美術館がここにできていたかも知れません。

工場アート。

21

【メタファー】

氷山をメタファーでクーラーに変身させる

プロダクトデザインは便利さや使い心地など、機能を優先するものですが、一方で画一的になりやすいという問題も起こります。日本に、もっと形優先のデザインがあってもいいと思います。

ポストモダン時代の先駆けで、イタリアのALLESIのデザインはとてもレトリックが効いています。鳥の形をした缶切りや、猫の口が栓抜きになっているものなど、楽しさがあふれています。テーブル上の小物たちだからできたのかもしれませんね。

英国のB&Wというマニア向けのオーディオスピーカー・メーカーからは、ノーチラスという貝の形のスピーカーが発売されています。これは、雑音をなくすために音を減衰させる貝殻の内部構造をそのまま使ったので、形が貝になったそうですが、大変楽しい形をしています。

そこで、夏に涼しいイメージを醸し出すように、メタファーでアイデアを考えてみました。南極の氷山のような形と深く青い半透明素材に照明を組み込んだ床置き型クーラーです。

アイスクーラー。

3

人、動物、ものなどに
置き換える

【擬人化（擬物化）】

置き換えるレトリック

③【擬人化（擬物化）】

人、動物、ものに置き換える比喩 擬人化

擬人化は狭い意味では人に置き換えることですが、文章だけでなくビジュアルやイメージにまで広げると人がものに置き換わったり、動物に置き換わったりすることも擬人化の仲間に入れたほうが考えやすくなります。また、反対にものが人に、動物が人に、ものが動物に、動物がものになる場合も擬人化です。置き換えるレトリックの仲間で擬人化を別枠にするのは、それだけ擬人化で表現されたものが歴史上多いからです。そっくりだろうと、イメージが似ているからだろうと、ここではアナロジーやメタファーの違いのような差異は重要ではありません。それは人間や動物やものなどの間で置き換わるので、非常に違和効果が出やすいから、分類に差をつける必要がないのだと考えられます。

日本でしたら、妖怪の世界は擬人化の塊です。河童、カラス天狗、から傘お化け、ぬりかべ、ウナギ犬など。西洋でも狼男、ゾンビ、バットマンときりがなく浮かんできます。人間が本来持つ想像力の源泉がレトリックであることを示しているようです。あだ名も擬人化が多いのですね。小学校の時には、白くて太っているから「ぶた」とか、眼が出ているから「金魚」とか呼ばれる同級生がいました。これらは類似性による擬人化の典型

です。また、ものをペット化する場合、特に子ども用品などは猫のバッグなど動物化したものが目立ちます。視覚の擬人化のほうがとっつきやすいレトリックだといえそうです。ビジュアルに比べると言葉の擬人化は大幅に減るようで、やや地味になるのは視覚ほどインパクトがないからでしょうか。

小説の擬人化

立原道造の詩の一節は、夏を人に置き換えた言い方です。黒井千次の一節はビジュアル化もできそうな、とても現代的な擬人化で家具たちが人間化しています。筒井康隆の一節は、視線が人間化していますね。林芙美子の一節は、人間が考えていることを、ものとして考え分けてもらおうとしています。擬人化の表現が少ない広告コピーの参考になりそうです。

夏は慌しく遠く立ち去つた　また新しい旅に

（立原道造「夏の死」、『夏の旅』所収）

懐中電燈の光の輪の中に現れる家具達は、昼間より薄い輪郭ではあったけれど、しかし例外なく目をむいて、光に迫ろうとする姿勢を見せている。光源を振ると、彼等は妙によそよそしい影を身体から投げ、その影にひき倒されるようにして闇に溶けた。

（黒井千次『家の中の扉』）

中年男との打ちあわせが終った後、尾行者の鈍重な視線がついにおれを捕えた。おれは彼にねちっこく微笑みかけた。彼はあわてておれの視線から視線をひっぺがそうとした。だがおれはおれの視線を彼の視線にからみつかせた。

（筒井康隆『脱走と追跡のサンバ』）

「どうして、自分一人で、考えごとをしているの？　私にも、考えている事を、分けて頂戴！　ね、半分頂戴……」

（林芙美子『浮雲』）

広告コピーの擬人化

少ない擬人化表現の中でも、次のコピーは置き換えが効いています。仲畑さんのコピーは一世を風靡しました。ウォシュレットが普及するきっかけをつくった名コピーで、拭くより洗うほうがキレイになるという、お尻の気持ちがよくわかります。眞木さんのコピーは「愛」に足をつけて人間にしました。安藤さんは、温かくしてくれる恋人か親しいガールフレンドを、ホットウイスキーにしてしまいました。人間を花か植木にしてしまったのが加藤さんです。

おしりだって、
洗ってほしい。

1983年　東陶機器/TOTO ウォシュレット　C：仲畑貴志

愛は無断でやってくる。

1989年　伊勢丹　C：眞木準

きみは僕のホットウイスキーさ

1983年　サントリー/サントリーレッド　C：安藤隆

時々、水気をやらないと
人間、ひからびちゃいますよ。

1995年　サントリー/サントリーローヤル　C：加藤英夫

擬人化でビジュアルをつくる方法

ビジュアルの擬人化は、言葉と比べると圧倒的に多く、世の中にあふれています。それだけありふれた表現も多いのではないかと思います。そんな中で、ここ数年で最も秀逸な擬人化を使ったCMがソフトバンクのお父さん犬のシリーズですね。見ているだけでは、最初は犬がお父さんであることはわかりません。しかしアテレコ（ふき替え）のやりとりがあってはじめて仰天します。これはグラフィックでは出せない擬人化表現です。音声のつく映像であるテレビCMだからできる擬人化ですね。最初は違和感を感じた視聴者も慣れてくると、逆にこのCMが流れるのを楽しみにするようになりました。もはやブランドの財産といっても過言ではないでしょう。擬人化がつくったブランドといえます。

音声のないグラフィックやプロダクトでの新しい擬人化は、たくさんの例があるだけに意外と難しいのです。そのコツはやはり、似ていることと、違和感のバランスをとることにつきます。そっくりでありながら、全然違うものをつくれるかが重要なポイントになります。

【擬人化】

『ノルウェイの森』の言葉を擬人化ビジュアルで表現してみる

村上春樹『ノルウェイの森』に次のような擬人化を使った一節があります。

「その十月の草原の風景だけが、まるで映画の中の象徴的なシーンみたいにくりかえしくりかえし僕の頭の中に浮かんでくる。そしてその風景は僕の頭のある部分を執拗に蹴りつづけている。」

小説では主人公の頭を蹴っているのは、かつて惹かれていた女性が語る、ある風景全体なのですが、そこは難しいので擬人化で表現しやすいように変えてみました。蹴りそうな風景の代表は樹木ですが、蹴っている感じを出すには工夫が必要です。樹の幹をボクサーに置き換えることもできるでしょうが、ここでは女性の体験話なので何とか女性的なものにしたいと思いました。梅の木を見ていて思いついたのが枝のハイヒール化です。シルエットで単純化して枝の一部に組み込みました。擬人化するときの部品が人間の一部でも、人間に置き換わります。女性のパーツによる樹の擬人化ですね。

その風景が頭を蹴る。

【擬人化】＋【パロディ】

レディ・ガガはライオンに似ている

擬人化の場合、みんなが知っている有名人を使うと、この次のアイデアで紹介する「パロディ」の比喩にもなります。レトリックは二重三重に重ねることも多いので、右の絵のケースは擬人化＋パロディのアイデアということになりますね。

人が動物になったのか、動物が人になったのかはケースバイケースで異なりますが、この場合どちらにもとれます。タイトルコピーひとつで変化するのです。この絵の場合、タイトルがガガのことを中心に語っていますので、ガガがライオンになったように誘導されると思います。擬人化も含めて比喩表現は２つの世界が二重に見えるのを特徴としますので、言葉の力がものをいいます。

ライオンのたてがみは女性の髪をイメージできるので、レディ・ガガのようなシンガーもライオンのように思えるのです。メイクやヘアスタイルの効果で、ガガがライオンになって見える、あるいはライオンがガガになって見える擬人化の面白さを表しました。

アメリカのライオン。

24

【擬人化】

商品を動物に置き換える広告上の擬人化

広告で商品を堂々と見せても、これだけ似たような機能の製品ばかりではどれを買えばいいか迷うばかりです。商品が似たり寄ったりの今日、本当は商品のアイデアのほうが重要なのですが、コミュニケーションで際立たせましょう。困った時には、商品の代わりに似たような機能でありながら、まったく見かけが違う驚くものに置き換えます。

右の絵は虫捕りスプレーの例です。なかなか虫に命中しない虫捕りスプレーの缶より、なんとなく握り心地が近そうなカメレオンに置き換えたほうが確実に虫をキャッチできそうです。缶とカメレオンではまったく形が違いますが、大きさといい、手の位置といい、噴射された薬剤に見えるカメレオンの舌といい、絶妙の虫捕りスプレー缶のように見え、缶とカメレオンの二重写しがうまくいっています。

擬人化も含め、類似性に基づく置き換えでは、このようにまったく違う見かけでも、似ている部分が多いほうが効果的です。スプレー缶と大きさが違いすぎたり、握り方がまったく違うなど、共通性が薄れると擬人化のレトリックが効いてきません。

確実な虫取りスプレー。

【擬人化】

ものの特性と動物の特性が一致すると擬人化できる

擬人化も他の比喩と同じように、特性が共通すれば置き換えることができます。たとえば噴水は、細くて長い管から水を吹き出すので、象の鼻に置き換えられますね。高いところで長い首を自由に動かすクレーンは、キリンの首と同じ動きに見えます。色も同じ黄色なのでわかりやすく擬人化できます。

アメリカのコルゲート歯ブラシの広告には、その特性が「首を自由に振れる」ことから、メインビジュアルにフラミンゴのピンクの首を曲げたシーンを使った例がありました。誰でも押すだけでとれるコダックのカメラでは猿を出したり、キヤノンでは「子どもにKiss」というコンセプトをライオンの親子で表現したりと、特性を動物の擬人化で表現することはメジャーなアプローチといえます。

右の絵は、キャスター付き旅行カバンの例ですが、一般的に旅行カバンはぶつかっても壊れないことに特性があります。ここではサイを擬人化して角を強調し、旅行カバンに置き換えました。逆に周りの人にとって危険かもしれません。

人混みのサファリ。

26

【擬人化】

間接的な擬人化
傷ついた樹

形が似ている擬人化ではなく、イメージが似ている擬人化の例です。人間にすることを動物や植物、ものにする、あるいは人間のすることを動植物やものがすると、間接的な擬人化になります。よく見かける町のシーンで、犬が人間のように服を着ていたり、帽子をかぶっていたりしますね。これは動物をかわいがるあまり、動物を人間のように扱った例です。植物が人間のやることをする例としては人食い植物があって、映画やミュージカルで有名な『リトル・ショップ・オブ・ホラーズ』などがあります。見た目や形にこだわらない擬人化は奥が深いと思います。

樹を人間と考えると、キツツキに穴をあけられた人間の腕の傷はかなり深いはずです。本当は救急車を呼んで病院で何針か手術してもらう必要がありそうです。でもここでは絆創膏で我慢してください。人間に使う絆創膏を樹の傷に使うことで、樹が人のように痛々しくなるではありませんか。今まで許せていたキツツキの行動も、なんとなく犯罪に見えてくるようです。

傷害罪。

【擬人化】

ものを擬人化してアートにする

つくってみたいとかねがね思っているアートがあります。冷蔵庫や電子レンジやテレビから、家具や自動車までみんな目や顔などをつけて生き返らせたいのです。アートにならないものを、こんなものがアートになってしまうという驚きをみんなに見せてみたいと思っています。

愛着のあるものには魂が宿っていて、ふと人間のように接しているときがあります。私の場合、オーディオです。コンデンサー型という透明振動膜で音を出すスピーカーを愛用しているのですが、湿気に弱いため、6月と9月は音が十分に出なくなります。またアンプは1時間以上温めないと声がうわずります。もうペットみたいな動物と同じです。アンプの左右のつまみが目に見えてきて、よほど目を書き入れようかと思いました。

ものを人間や動物のようにしたいことと、アートにしたいこと、この2つをパチンコ台でやってみました。パチンコ台を見ていると、たくさんの目があり、その上に目に玉が入らないように強烈な眉毛がついているように見えます。一番下には口があり、入らなかった玉がたくさん吸い込まれていきます。

パーラーは美術館。

28

【擬人化】

プロダクトデザインと擬人化 豚のコンセント

プロダクトデザインや建築で、擬人化を見る例は少ないと思います。それは使いやすさやシンプルさが必要だからでしょう。しかし、人間らしさが必要な場合や、子ども向けに楽しさが必要な場合には擬人化は効果を発揮します。前者の場合、たとえば2006年にグッドデザイン賞を受賞したロボットスーツなどがあります。歩行や階段の上り下りに力を貸してくれるスーツですから、人が身につけるために、人に近い形をしています。後者の場合は、親しみを感じるように擬人化する場合が考えられるでしょう。2003年のグッドデザイン賞受賞商品に「動物の形をした輪ゴム」があります。象や、カンガルーなどの輪郭がカラフルな輪ゴムになっていて、子どもが使いたくなります。

壁コンセントにもそろそろ楽しいものがあってもいいと思います。シンプルなグッドデザインもいいけど、子ども部屋には擬人化したものもありです。コンセントの受け口を見ていると豚の鼻を彷彿とさせますね。動物に置き換えたコンセントは擬人化の一種ですが、人間より可愛い感じが出ます。

ブタコン。

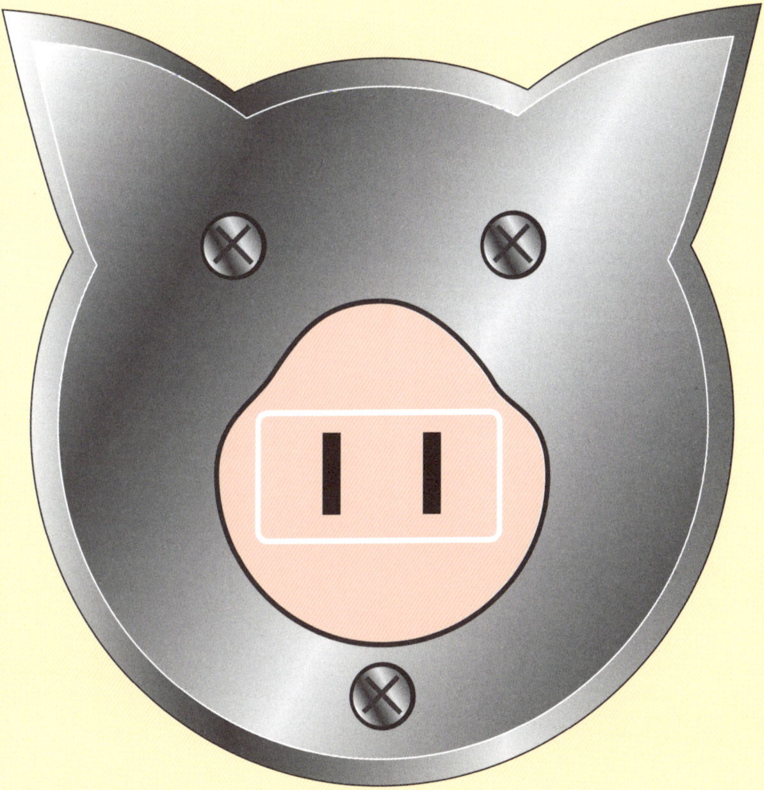

4

有名な人、こと、もの
などに置き換える

【パロディ（引用）】

置き換えるレトリック

④【パロディ（引用）】

パロディは「似ている違うものに置き換える」比喩のひとつで、アナロジーやメタファーや擬人化と同じ構造です。アナロジーやメタファーと違う点は、「コード」や「常識」の代わりに「有名な人、こと、もの」を使う点だけです。有名か有名でないかの線引きは結構微妙ですので、一般的に有名ということにしておきましょう。外国では王様や大統領や首相はみんな知っていますので、パロディのネタになりやすく広告にもしばしば登場します。パロディには、有名人やこと、ものをおちょくったり、批判したりする精神があることから、日本では前からあまり歓迎されない傾向があったように思います。

パロディと引用は、どちらも有名なものを引き合いに出す点で似ていますが、引用のほうが真面目な精神があるのではないでしょうか。アイデアのレトリックとしてはどちらも同じグループと考えます。広告では有名人やセレブリティの引用は肖像権などの侵害を引き起こすので注意が必要です。こういったことを避けるためには、歴史上の人物や過去の芸術作品に絞る必要があるかもしれません。

小説やコピーのパロディを見ると、過去の小説の引用や、有名な言葉のもじりが多いのですが、ビジュアルでは過去の芸術作品や有名なことが多く出てきます。先に紹介したカンヌ受賞作のナイキの「鬼ごっこ」CMは、子どもの遊びのパロディです。

パロディがうまくいくかどうかは、有名な「誰」や「何」を引用するかにかかってきますが、ナイキの鬼ごっこは意外なとてもうまい引用の仕方でした。

小説のパロディ

意外と日本の小説にはパロディが少ないのですね。その中で和田誠のパロディは秀逸です。川端康成の『雪国』の有名な出だしを、亡くなった映画評論家、淀川長治さんの物まね口調で語るという、二重パロディです。次の筒井康隆の小説の一節は「猫も杓子も」というみんなが使うフレーズのもじりですが、有名なフレーズというのも重要な言葉のパロディになるのでコピーライターを目指す人は注目しておいてください。

トンネルを出ましたねぇ。長いですねぇ。長いトンネルですねぇ。このトンネルは、清水トンネルと言いまして、長さは九千七百メートルもあるんですよ。長いですねぇ。この長いトンネルを出ますと、もう雪国ですねぇ。寒いですねぇ。雪国と言いますのは新潟県を指すんですよ。湯沢温泉が舞台になっております。娘さんが窓をあけて「駅長さあん」言いますね、あそこの景色、きれいですねぇ。その写真、もう一回見せて下さい。ハイ、写真出ました。きれいですねぇ。

（和田誠『倫敦巴里』）

新婚旅行の行く先にもその年ごとの流行というものがあって、前年の暮に新婚旅行評論家が、来年の流行はここですとでたらめに指定したが最後、猫もスプーンもどっとそこへ押し寄せる。

（筒井康隆『ベトナム観光公社』）

広告コピーのパロディ

広告コピーでもパロディは予想外に少ないようです。原田さんの、のほほん茶のコピーは平安時代の京都貴族の言い方がパロディとして効いています。労働者と貴族のコントラストも効いていて、京都茶の雰囲気がよく出ています。仲畑さんのセゾンカードは「負けるが勝ち」の引用を普通使わない「だいじょうぶ」と組み合わせて新鮮です。佐々木さんのフジテレビは、典型的な歴史上有名な文学のフレーズを、現代の生活と結びつけた、パロディかくあるべきというコピーです。

労働は、
イヤで
おじゃる。

1998年　サントリー／のほほん茶　C：藤田芳康

生きるが勝ちだよ、
だいじょうぶ。

1988年　セゾングループ/セゾンカード　C：仲畑貴志

働けど、働けど、
ボクんち、せまい。

1993年　フジテレビジョン　C：佐々木宏

パロディでビジュアルをつくる方法

ビジュアルのパロディは、たくさん見つけられます。特に歴史上有名な美術作品は一般人も記憶に残っていて、広告などによく使われます。ずいぶん前になりますが、味の素のパルスイートの広告で、「モナ・リザ」が太ってしまったというシーンがありましたが、今でも思い出せるのが驚きです。それだけパロディの力は大きいのでしょう。

2012年は日本の広告では珍しいパロディのアイデアを使って話題になったものが2つあります。1つは後で説明する「オランジーナ」の寅さんで、もう1つがフェルメールです。

2012年夏、上野にある東京都美術館でマウリッツハイス美術館展が開かれました。売り物はフェルメールの『真珠の耳飾りの少女』です。この時のポスターや交通広告に、このフェルメール作品のパロディ広告が掲載されたのです。なんとこの少女に扮したのがタレントの武井咲さんで、見事にフェルメールの『真珠の耳飾りの少女』になりきっていました。写真による絵画のパロディなので写真家の力も貢献していますが、なんといってもあこがれの有名作品を、あこがれの有名美人が扮するというパロディの二重写し効果が評価されます。フェルメールのパロディには、現代美術家も取り組んでいます。ゴッホの自画像を自分の顔にしてしまった森村泰昌さんの描いた『フェルメール研究』では『真珠の耳飾りの少女』が日本人になったパロディ作品があります。

ビジュアルのパロディをうまく表現するポイントは、元絵となるビジュアルの面影を十分に残しながら、いかに新しいもうひとつの世界を見せられるかでしょう。

【パロディ】

『男はつらいよ』のパロディで フランスの国民的飲料を表現

2012年春、フランスの国民的飲料オランジーナが日本で発売されました。なんとそのCMに出てきたのは日本の国民的映画の主人公「寅さん」に扮したハリウッドのリチャード・ギアでした。日本の有名な定番の役をギアがフランス生活の中で見せることで、フランスの国民的飲料は日本の国民的飲料に近づこうとしています。1年間の商品の売れ方を見ると、どうやら成功した商品になりそうです。パロディアイデアが成功した時の強力なコミュニケーション力を感じます。

このパロディ表現がうまくいっている理由を探ると、パロディの鉄則である、元絵としての寅さんが強くアピールされていることですね。寅さんのユニフォームである帽子・シャツ・格子柄の上着などのコスチュームがまずうまく引用されています。でもなんといっても寅さんを主張しているのは、映画でおなじみの音楽です。そして、パロディでは違和感が重要になります。音楽やコスチュームの寅さんらしさに対して、フランスの生活感とリチャード・ギアの違和感が、強いインパクトを生んでいるのです。

寅次郎ギヤ。

30

【パロディ】

世界一有名な横断歩道
アビーロードのパロディ

昔からレコードジャケットはビジュアルのパロディとして格好の素材です。ピンク・フロイドの『原子心母』の牛や『狂気』のプリズム。シカゴやローリングストーンズのロゴ。そしてビートルズの『イエローサブマリン』の潜水艦や『アビーロード』の横断歩道。パロディはみんなに知られているビジュアルがものをいいます。

普通の横断歩道なのに、ロンドンのレコーディングスタジオ前だったのでレコードジャケットに使われたというアビーロードの横断歩道ですが、これほど有名になったものはありません。よく見ると横断歩道がユニークなわけではなく、そこを縦列行進して渡っているビートルズの姿が記憶に残るのですね。

このビジュアルをパロディで描くには、4人をそのままにして通りに変化を与えるか、4人を変化させるかですが、すでにジョン・レノンとジョージ・ハリスンが亡くなっていますので、背景はそのままにして、ビートルズの残った2人を車椅子に乗せて渡ることにしました。

60年後のアビーロード。

パロディ

31

【パロディ】

スーパーマンのパロディは色が大切です

世界の広告を見ると、スーパーマンをパロディに使うアイデアをよく目にします。その理由は2つ考えられます。1つは、「スーパー（超）」なことを伝えたいというクライアントの戦略的事情が考えられますね。もう1つは「色」なのです。黄と赤のSマークとロゴ、ブルーと赤のコスチュームから考えて、青地に黄と赤をポイントで使うと、Sのロゴを使わなくても何でもスーパーマンになってしまうのです。つまり著作権を侵さないでスーパーマンのイメージを利用できるメリットがあります。

フォルクスワーゲン・ゴルフ（スポーツ仕様車）の広告にスーパーマンのパロディがあって、○にVWが入っている例のマークがなんと青地の背景に黄と赤で描かれているだけの印象的なものがあります。スーパーな馬力がよく伝わる広告です。

右の絵は、スーパーマンのキャッチフレーズで有名な「機関車より速く」を新幹線のぞみに当てはめて、スーパーマン色に塗ってみました。なんとなくスーパーマンに見えませんか。

機関車より速く。

【パロディ】

浮世絵はパロディの宝庫

浮世絵は、昔からパロディの材料として西欧では有名です。東洲斎写楽や葛飾北斎の版画は、日本の特集というたびに、その絵をもじったビジュアルが登場します。もっとも印象派の画家やゴッホたちが、ヨーロッパの伝統であるパースペクティブな表現や写真を超えるために、日本の平面的な表現の革新性をまねて描いた絵画も引用ですから、パロディの仲間です。ドビュッシーの作曲した交響詩『海』のCDジャケットはよく北斎の『神奈川沖浪裏』の引用やパロディでつくられています。厳密にはパロディではありませんが、クリムトは琳派の表現の仕方や塗り方の引用と考えられます。

以前、広告会社のサーチ&サーチの新人クリエイターセミナーでプレゼンした、パロディのアイデアを描いてみました。課題が「ヨーロッパ珈琲の香りを日本人に」というものでしたから、浮世絵の大首絵にある鼻を延ばして西洋人の鼻にして、珈琲の香りをかぐというイラストにしました。この絵ではヨーロッパではなく、今はやりのシアトルになっています。

シアトルの日本人。

【パロディ】

モナ・リザにもピカソにも見える パロディの不思議な力

パロディは昔から人間のアート活動には重要なレトリックです。名曲や名画にはパロディ作品がよくあります。音楽ではモーツァルトの『きらきら星変奏曲』とか、ブラームスの『ハイドンの主題による変奏曲』。名画ではヴィーナスをパロディ化したマネの『オランピア』などが有名です。音楽のパロディ化はなじみやすさが重要と考えられますが、絵画の場合、なじみやすさを利用して新しい見方の提示に最適だからという理由が考えられます。このような新しい見方はマネの『オランピア』のように、保守派の反感を買うことが少なくありません。

パロディには危険がつきもので、それを承知で、レオナルド・ダ・ヴィンチの『モナ・リザ』をパロディで描いてみました。『モナ・リザ』をピカソやジョルジュ・ブラック達のキュビズム作家が描くとしたらどうなるでしょう。パロディ表現では、ピカソにも『モナ・リザ』にも見えることが重要ですから、片方の印象だけが弱くならないよう気をつけてください。また広告にするには言葉の助けも重要ですから、パロディとわかるタイトルやコピーの役割も大きいといえます。

キュビズムのモナ・リザ。

【パロディ】

パロディによる商品企画
毎日使い捨てカクテル

商品企画におけるシステムアナロジー法とパロディの差も線引きは難しいのですが、他の業界の有名な商品を引用するのがパロディと考えるのが妥当でしょうか。パロディには遊びの精神があり、ピストルの形をしたドライヤーなどもありますが、商品としては少しおふざけ感が気になります。

資生堂の若い女性向け化粧品ブランドに「マジョリカマジョルカ」があります。その派生商品に毎日使い捨て商品があって、これが数少ない真面目なパロディ商品と考えられます。中身とデザインを毎日変えて、違う変身を楽しむことができます。これは毎日使い捨てコンタクトレンズ「ワンデーアキュビュー」のパロディ的引用と考えられます。1個ずつのつながり方がそっくりだからです。

右の「ワンデーカクテル」はワンデータイプ・コンタクトレンズのパロディで考えたカクテルです。種類の異なったカクテルグラス一杯分をつなげた製品で、毎日切り離して楽しみます。しかもデザインが毎日違うので、異なる味と形を楽しむ使い切りカクテルです。

ワンデーカクテル。

BLUE HAWAII
ALASKA
GIMLET
MANHATTAN
ScrewDriver
BloodyMary
SALTY DOG

【パロディ】

東京都庁ビルはパロディ建築

建築では昔からモチーフを重要視します。モチーフが有名なものの引用であればパロディということになります。ヨットの帆を引用したシドニーの世界遺産建築のオペラハウスや、アメリカのクラシック家具を置き換えたAT&Tビル、ロンドンのキュウリそっくりなガーキンビルなどがありますが、最もパロディらしいのは何といっても1937年のアール・デコ時代に建てられたイギリスの海事裁判所です。当時有名な豪華客船クイーンメリー号そっくりの建築です。

日本でもっともパロディらしい建築といえば、丹下健三さんのデザインした東京都庁ですね。パリにあるノートルダム寺院を巨大にしてモダンなラインに置き換えた感じです。これができたときは、丹下さんのレトリック能力に感心しました。

そこで都庁をさらに変形してみたいと思い、右の絵をつくりました。元になっているノートルダム寺院にもっと似せるために、寺院の真ん中のステンドグラスがはまっている円形を都庁に埋め込みました。パロディのパロディですね。

フレンチ都庁。

【パロディ】＋【誇張】

彫刻はパロディ広告に向いている

商品や建築と違い、広告はパロディの宝庫です。有名な絵画もそうですが、有名な彫刻もよく使われます。ミロの『ヴィーナス』やロダンの『考える人』、日本では西郷さんの銅像や二宮金次郎の銅像。

彫刻がよく使われる理由に、立体なので写真で現代の生活空間に再現しやすいということがあります。2012年に新京成電鉄で実際に車内マナー広告に使用された、私のゼミ生が制作した卒業制作作品では、ロダンと二宮金次郎の両方が使われたシリーズ広告があります。この場合の彫刻の再現は人間が扮しており、彫刻のパロディとしての使いやすさを感じます。CMではロダンの『考える人』の出現率が高いですね。考えるということで、いろいろな商品の広告アイデアに使いやすいのでしょう。

右の絵は、筋肉美を誇る有名なダビデ像が彫刻であるが故に動けないで太ってしまった様子を描いています。

もっと動かないと。

5

部分や全体で
代表する

【隣接喩（提喩・換喩）】

置き換えるレトリック

⑤【隣接喩（提喩・換喩）】

「縁やゆかり」によって置き換える隣接喩

類似性ではなく、隣接性によって置き換える比喩を、ここでは「隣接喩」という言い方でまとめて呼びます。すべてがなんらかの、「縁やゆかり」の関係に置き換えるというものです。「提喩（シネクドク）」と「換喩（メトニミー）」がありますが、どちらも同じ仲間なので「隣接喩」でくくります。

隣接性による置き換えとはどのようなものでしょうか。たとえば「赤シャツ」とか「めがね」というように、人を身につけているもので呼ぶことがあります。これはその人の一部にしかすぎないパーツでその人を代表させているのですね。あだ名に多いケースです。童話の主人公「赤頭巾ちゃん」は有名です。これらはすべて「人の一部で、人を表す」という隣接喩の典型です。

部分とは反対に、もっと大きいものによって置き換えるのも隣接喩なのです。人の代わりに「やがて死ぬべき者」と言い換えたりしますね。「縁やゆかり」による置き換えとも呼ばれるのは、こうした小さい部分から大きい全体まで、縁やゆかりのある関係に置き換えるからなのですね。隣接喩で置き換える縁やゆかりは実はすごく広いので、以下簡単に紹介しておきます。

たとえば「原因と結果」「入れるものと入れられるもの」「土地や生産者と産物」、「標章と意味されるもの」などたくさんあります。「原因と結果」の代表は「筆を執る」。文を書く最初の動きで文を書くこと全体を表しています。また、泣くことを「結果」によって表した「袖をぬらす」もあります。「入れるものと入れられるもの」では、酒を「銚子」とか「菰かぶり」といい、蕎麦は「せいろ」と呼びますね。「産地の名称」によって産物を表す例は「大島」つむぎ、「九谷」焼。「記号」によっての表現は「横綱」や「黒帯」。《身体の部分》で感情を表現するのが「心臓が強い」「腹が立つ」「頭がおかしい」等です。

隣接喩はすでに慣用語化している言葉が多いですね。詳しいことが知りたい方は佐藤信夫さんの著書『レトリック感覚』（講談社学術文庫）をお読みください。もっといろいろな隣接性がわかります。

広告などでは「商品と原材料」の関係がもっともよく置き換えに使われる例ですね。最近の地域ブランドづくりも「産地とブランド」の関係が隣接喩ですから、大間のマグロのように隣接喩をいかに有名にするかが問われることになります。

小説などに見る隣接喩

こうしてみると「隣接喩」は古いものが多いかもしれません。それに隣接喩は部分を強調するので、文章でも映像的な印象が強いですね。右記の芥川龍之介のひとつ目と蕪村の俳句は、人の身につけている部分が代表する隣接喩。旧約聖書は「豊かな産物全体を」を一部の産物で置き換えています。もうひとつの芥川龍之介の文章は刀の代わりに、その属性である色で置き換えています。

羅生門が、朱雀大路《すざくおおじ》にある以上は、この男の外にも、雨やみをする市女笠《いちめがさ》や揉烏帽子《もみえぼし》が、もう二三人はありそうなものである。

（芥川龍之介『羅生門』）

春雨やものかたりゆく蓑と傘

（与謝蕪村）

下人は、老婆をつき放すと、いきなり、太刀の鞘《さや》を払って、白い鋼《はがね》の色をその眼の前へつきつけた。

（芥川龍之介『羅生門』）

その日わたしは彼らに誓って言った、エジプトの地より彼らを導き出し、わたしが彼らのために探し求めた乳と蜜の流れる土地、全ての知のうちでこの上もなくうるわしい土地へ行かせようと。

（旧約「エゼキエル書」20、6）

広告コピーの隣接喩

コピーで隣接喩を使うのは大変難しそうです。

仲畑さんのコーセーは、顔は裸の一部であることの発見です。同じく仲畑さんのセゾンカードは、隣接関係である人間とあなたの関係を逆にして、あなたの一部に人間をしています。眞木さんのサントリーホワイトは、個性のあるひとりの人間が飲む時ばかりは一般のその他大勢の人と同じになるという隣接性の発見。佐藤さんのインウイは属性を脱いで一般の女になるという隣接性の発見で、擬人化の技術のほうがちょっと強いようです。いずれも単純な置き換えではありません。眞木さんのシーマックスは典型的な隣接喩で、「怒った」の代わりに結果の「プッツン」に置き換えています。

顔は、ハダカ。

1997年　コーセー／アンテリージェ　C：仲畑貴志

あなたの人間は、大丈夫ですか？

1990年　クレディセゾン／セゾンカード　C：仲畑貴志

飲む時は、ただの人。

1983年　サントリー／サントリーホワイト　C：眞木準

住所氏名年齢職業を脱いで、
ただ女でいるのもいいものね。

1982年　資生堂／インウイ・パフューム　C：佐藤芳文

今日は何回、プッツンしましたか。

1991年　大塚製薬／シーマックス1000　C：眞木準

隣接喩でビジュアルをつくる方法

愛称に使われるなどこれだけ日常化している言葉が多い隣接喩ですが、ビジュアルのクリエイションに使うのもコピー同様難しいことです。ただ使用されていない分だけ新鮮なので、今後の可能性が期待されるレトリックです。

ここでは言葉の隣接喩を絵で解くというビジュアルを中心に考えましたが、個々のビジュアルを説明する前に、広告でよく使われるアイデアで「部分と全体」に関する隣接喩について少し話したいと思います。

各ブランドの競争関係の中でシェアが一番多いブランドが用いる戦略に、商品そのものをアピールするのではなく、そのブランドカテゴリー（コーラや牛乳などの商品分野のこと）を代表し、ブランドカテゴリーのよさを語るという方法があります。たとえば牛乳メーカーが牛乳のよさを語るというものです。牛乳のよさが伝われば競合他社の牛乳も売れるわけで、シェアが低い場合は普通使えません。でもナンバーワンなら、カテゴリー全体を伸ばすことができるので一番売れる結果になるという戦略です。この場合のビジュアルは、牛乳だけを出したり、オレンジだけを強調したりします。これは全体を代表するビジュアルでひとつのブランドを表現するという隣接喩にあたります。

ただ、隣接喩を使ってビジュアル表現をする場合、強くするために他のレトリックと併用すると効果が上がります。牛乳なら牛の模様だけに単純化したり、集合のレトリックも使って、そのパッケージの形に材料を並べるなどの工夫ですね。

【隣接喩】

言葉の隣接喩「ボルドーを空けた」をビジュアルの隣接喩で表してみると

商品を産地で置き換えて表すのは、ブランドの常套手段です。日本では、まぐろの「大間」とかカトラリーなら「燕」とか呼んでしまいますね。定評のある高級な商品が、そのブランド名を呼ばれずに「産地名」で呼ばれるケースがワインにもあります。特にフランスワインの産地は隣接喩の典型です。赤ワインなら「ボルドー」や「ブルゴーニュ」、白ワインなら「シャブリ」と呼んでブランド名を忘れてしまったりします。

商品を生産地のビジュアルで置き換えることができるのでしょうか。これは難しい。なぜなら生産地名を書くことで十分伝わるのに、生産地のビジュアルに頼って生産地名を入れなかったらかえって誰にもわからないといった事態が出現しそうです。たとえば甲州ワインを表すのに山梨県の形をつくっても、その形が知られていないので記号性に欠けるのが原因です。

右の絵は、生産地をわからせるためのビジュアルで、ワイングラスの底の形をボルドー地区の形に置き換えた隣接喩でつくりました。

ボルドーを空けた。

Cherboug
Pari
Orleans
Atlantic Ocean
FRANCE
Limoges
Avignon
Toulouse
Marseille
SPAIN

【隣接喩】＋【単純化】

部分で全体に置き換える隣接喩でカメラを描く

広告のデザインを考えると、隣接喩のアイデアが適するのは部品メーカーではないでしょうか。部品の力が全体を売り物にするというようなことは、隣接喩の得意な技です。プラグやクラッチや電池メーカーは、その部品製品の映像で車のビジュアルをつくればよいのです。あるいは製品メーカーがその部品の品質を語るビジュアルとして、部品だけで表現することも可能なはずです。フォルクスワーゲンの海外広告に、音の部品を集めて車の形にしたものがありますが、これは隣接喩と集合のレトリックでできたアイデアですね。

右の絵は、ニュースなどがよく使う隣接喩の「レンズが記録した」というフレーズを絵にしたものです。本当はレンズが記録したのではなくカメラが記録したわけですから、カメラをうまくレンズに置き換えられるかがポイントになります。この表現の工夫点は、三脚に乗せられたレンズにあります。ボディの消滅したレンズがカメラとなって記録していることが伝わります。

レンズが記録した。

【隣接喩】

全体によって置き換えた言葉と部分によって置き換えたビジュアル

行ったり来たりする隣接喩遊びですが、真面目に考えてみましょう。たとえば「砂漠に緑を」の場合、「緑」は「樹木」の上位概念（全体）です。「樹木」の下位概念（部分）のひとつである「盆栽」を用いて「砂漠に盆栽を」にしてみると不思議な緑化運動になります。この概念同士の行ったり来たりをビジュアルにすると、盆栽をサハラ砂漠に並べるという不可思議なインパクトの強い映像が誕生します。樹木を中心に、上と下へ組み合わせの幅が広がるのが、ゆかりでつながる隣接喩の特徴です。

「白いものが降ってきた」は昔からある隣接喩で、雪の代表としての大きな概念「白」という言葉で「雪」を表しています。では今度は逆に「雪」の一部である「雪だるま」で雪をビジュアルに置き換えたのが右の絵です。言葉でいうと「雪だるまの元が降ってきた」となるのでしょうか。言葉は「雪」の上位概念の「白」ですが、ビジュアルは「雪」が降った結果起きたひとつの部分（下位概念）「雪だるま」で、雪を置き換えたアイデアです。雪を待っていた子どもの気持ちが伝わりますか。

白いものが降ってきた。

10

【隣接喩】

隣接喩の「ゆかり」で地図をつくる

隣接喩はいろいろな「縁やゆかり」の関係があるので、範囲は広く、「ゆかり」はきりがなく広がっていきます。「ゆかり」でしりとりゲームもできるくらいです。

かなり前のことですが、カラーフィルムのCMでこの「ゆかり」しりとりをやりました。この時、赤・青・黄・緑篇を4種つくりましたが、これが「色のゆかり篇」CMといえるものです。赤篇は「サスペンスの赤」に設定して、唇が赤い帽子になり赤いコートになり、歩き出すと赤い車になり、最後は赤い劇場になるというストーリーです。グラフィック表現ではできないものが、CMという時間メディアの特徴でしりとり化できるのですね。

ひとりひとりの人間もゆかりで考えると、私は地球人であり、東洋人であり、日本人であり、東京人であり（たまには江戸っ子）、足立区民であり、千住に住んでいて、○丁目○番地の○○という名前でなどとどんどん隣接性はつながっていきます。では地図でも名前地図ができないかと取り組んでみました（住宅地図というのはありますが）。地図にある家の形の代わりに名前で置き換えたものです。

名前地図。

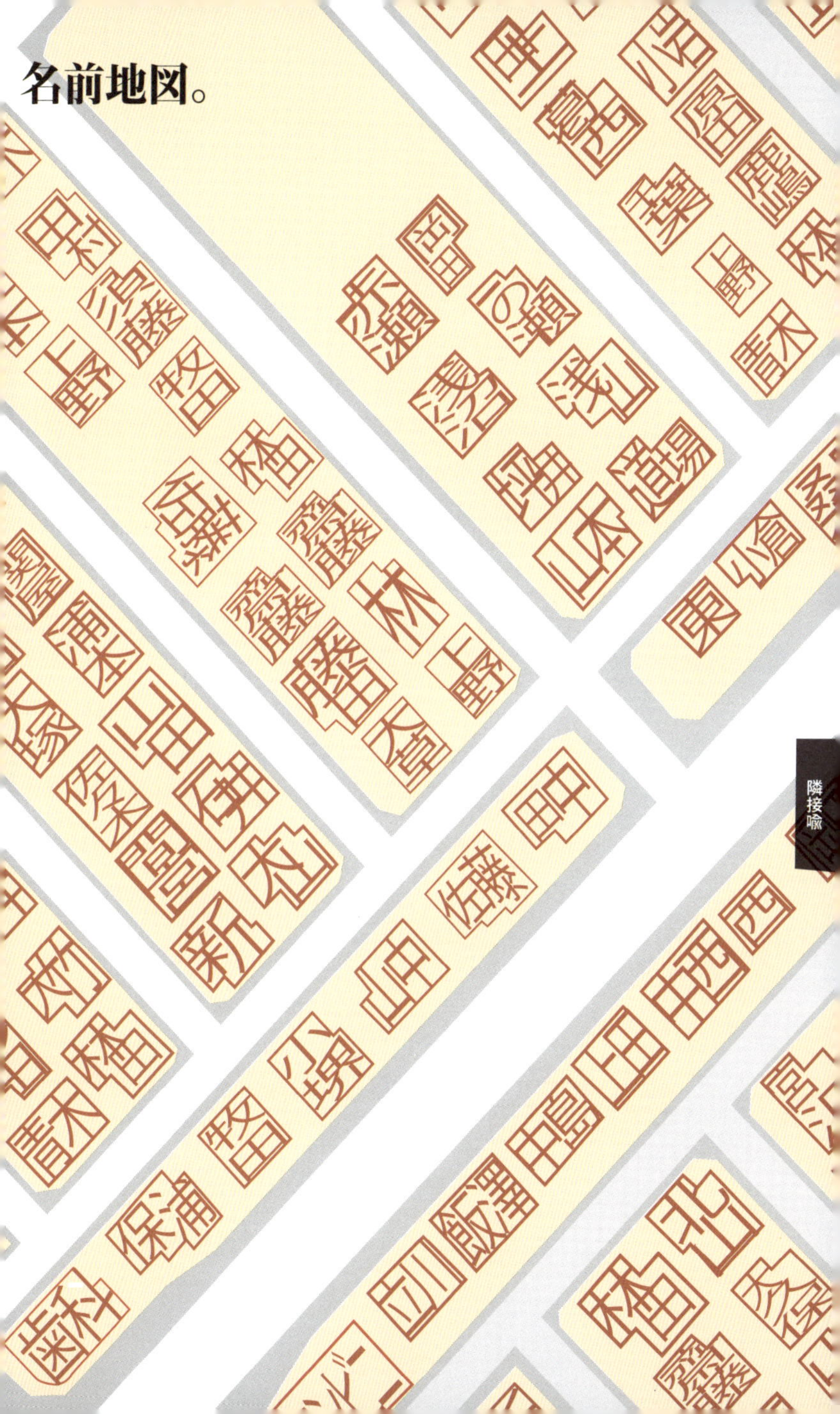

【隣接喩】＋【集合】

素材を大事にする商品には隣接喩がぴったり

ビジュアルの隣接喩で描いた、ブランドを構築するのに有効な隣接喩の使い方です。

これはトマトケチャップの広告ビジュアルです。もしこれが単なるケチャップのボトルだとしたら、赤いから目立つには違いありませんが、脳は働かないでそのまま通り過ぎてしまいます。ところがこの場合、トマトのスライスが積み重なってケチャップのボトルの形そっくりになっていることから違和感が生じています。この違和感によって瞬時に脳が働き出し意味を読み取ります。見た人は頭の中で瞬間的に謎解きをするのですね。この隣接喩は、ケチャップのボトルという常識（部分）を非常識なトマト（全体）がつくる形で置き換えることで成立しています。トマトとケチャップという隣接性をわかりやすく結びつけているのは、赤い色とトマトのスライスをボトルの形に積み上げた集合のレトリックです。

トマトでできたケチャップであることが強力に伝わる隣接喩＋集合のアイデアです。

ケチャップはトマトがつくります。

12

【隣接喩】＋【単純化】

隣接喩で考える商品デザイン ボーカルに特化したスピーカー

商品企画やコミュニケーション戦略で、１つの機能に特化することは、隣接喩で「ゆかり」を絞り込むようなものです。また特化は、他の機能のそぎ落としという視点では後で出てくる「単純化」のレトリックからもアプローチできるので、ここでは「ゆかり」を重要視した隣接喩で考えます。

オーディオ用スピーカーは、低音から高音までカバーするのが普通ですが、音質を深く追求するマニア用には、低、中、高音にそれぞれ特化したスピーカーがあります。低音専用のウーハー、超高音専用のトゥイーター、中音専用のスコーカーなどですね。

右のスピーカーは、ボーカル専用スピーカーです。楽器と違って声は、中音が重要です。普通の歌では、超高音や超低音はいりません。そこで雑音が少ない球形スピーカーを人間の口のような形の出口をつくって（ここが隣接喩）、ポップなデザインにします。これ１台でも十分ふくよかで潤いのある音が出ますが、バス用やソプラノ用があっても面白くなると思います。

ボーカルスピーカー「歌姫」。

3章

枠組みを変えるレトリック
スキーム（SCHEME）

枠組みを変えるレトリック スキーム (scheme)

今まで説明してきたレトリックは、みな「置き換える」比喩と呼ばれるレトリックでしたが、ここから説明するのは「枠組みを変える」レトリックです。スキーム（scheme）いう言葉は、今では「枠組み」という意味で使われるケースが多いのですが、修辞法では「枠組みを変える」あや、という意味で使用します。枠組みを変えるとは、アイデアは「新しい組み合わせを考える」ことですから、決まり切った「常識的な組み合わせ」を「置き換え」によってではなく、「並べたり、並び替えたり、ずらしたり」することで、変えることにほかなりません。

あるものを並べたり、並び替えたりすることからはじめるとわかりやすいと思います。その後、逆にしたり、くっつけたり、離したり、増やしたり、減らしたり、強調したりして、当たり前だと思っていた組み合わせを変えましょう。レトリックは、壊すことでつくることができるというアイデアの源ですから、新しいものや新しいコミュニケーションをつくり出しましょう。

【スキーム】枠組みを変えるレトリック

反復・集合	同じものや似ているものを反復させたり集合させて違うものをつくる
コントラスト	2つ以上のものを接近させて、差をアピールする
逆転	逆転したり反対にして、違うものをつくったりアピールする
結合	2つ以上のものをくっつけて違うものをつくる
ミスマッチ	わざと合わないものを並べたり結合して、違うものをつくる
単純化	ディテールを省略、消滅、隠すことで、違うものをつくる
増量	常識より増やすことで、新しいものをつくったりアピールする
分離	常識から分離することで、新しいものをつくったりアピールする
誇張	常識からかけはなれて大きくまたは小さくしたりしてアピールする

6

繰り返しに
違和感を入れる

【反復・集合】

枠組みを変えるレトリック

⑥【反復・集合】

同じ音や形を繰り返して
印象的なものや異なるものをつくる

言葉の「反復」にはいくつかのパターンがあります。同じ音を繰り返すというアナロジー的反復と、メタファー的な共通の意味がある違う言葉を並べる列叙が典型的でしょうか。このあたりの言葉の「あや」については『レトリック事典』(大修館書店)をご覧ください。詳しいことがわかります。

ただ同じ音を繰り返すものの例は、早口言葉がそうですね。

「すもももももももものうち」

は見事に音が連なっています。口に出して言うのは大変ですが、その反面、目立ったり記憶に残ったりするのですね。

それに対して、メタファー的にイメージが似ているものを繰り返すのが、

「地震、雷、火事、親父」

などです。まったく違う言葉ですが、世の中の怖いものという共通性で反復されています。

また違う言葉同士は、同じ言葉や音を反復することで接着剤のように印象的にくっつけることができます。連続的に同じ音を繰り返すこともありますが、違う言葉と言葉の間に同じ音を入れることで接着できるのです。

これは詩などでよく使われる韻を踏むのと同じですね。この場合違う言葉同士の関係をうまく意味づけるのがポイントです。

「集合」は同じものや似ているものを、繰り返して集めて、違うものに組み直すことです。集合は言葉のレトリックではつくれないと思います。同じ音を繰り返して違う言葉はなかなかできないですから。しかし集合はビジュアルの得意とするレトリックで、同じもの、似ているものを並べて違うものができます。反復によって異なった形をつくるのが集合です。

小説や詩の反復

筒井康隆の反復は「正義」の繰り返しですが、特徴は「正義」が主語、目的語、動詞、副詞などに変化して、さらに「、」なしでつながっているところにあります。

谷川俊太郎の詩は、詩らしく七音目に「き」を繰り返したものですが、最後の終わり方の前が「ばけそこなって」と「き」で終わらない効果が面白いですね。

繰り返すなかで、はずしを入れるのが重要な気がします。

昨日ぼくは正義に乗って正義しに行ったけどあの正義ってところにある正義で見た正義は正義に過ぎなかったんだよまるで正義みたいに。

（筒井康隆『虚人たち』）

なんのきこのき
このきはひのき
りんきにせんき
きでやむあにき

なんのきそのき
そのきはみずき
たんきはそんき
あしたはてんき

なんのきあのき
あのきはたぬき
ばけそこなって
あおいきといき

(谷川俊太郎「き」、『ことばあそびうた』所収)

広告コピーの反復

広告コピーの反復は、キャッチフレーズだけに短いものが多く、2、3回の繰り返しが多いと思います。眞木さんの全日本空輸/沖縄キャンペーンは、女性の胸が揺れる「プリン」と沖縄で王女様になれることを込めた

「プリンセス」が見事にくっついています。北海道のほうは、似ている音の「どお」と「道」がひらがなと漢字で反復されているところが特徴です。また林真理子さんがコピーライター時代の新人賞を受賞した西友のコピーは、早口言葉のように、似ている音で違う言葉になっているのが絶妙です。やはりコピーの反復も、外す言葉の使いどころが重要なようです。

プリンプリン・プリンセス

1982年　全日本空輸/沖縄キャンペーン　C：眞木準

でっかいどお。北海道

1978年　全日本空輸/北海道キャンペーン　C：眞木準

つくりながら、
つくろいながら、
くつろいでいる。

1981年　西友/日曜大工館　C：林真理子

反復でビジュアルをつくる方法

ビジュアルの反復は、反復そのものが美しさを表す基本ですから、壁紙のようなパターンをつくるには適したレトリックです。言葉のレトリックがはずしを入れた反復が重要であるように、ビジュアルコミュニケーションもまた、反復にはずしをどう入れるかがポイントです。

集合は同じもの、似たようなものを反復させて異なったものを表現することです。これはビジュアルにしかできない芸当といえます。丸を並べて四角ができるのですから。極端にいうと、反復は何の形でもできますが、何によって何の形をつくるのかが問われます。

いずれにしてもビジュアルの反復は、繰り返し効果に「変形」や「欠落」などのはずしの効果や、「集合」の効果を使えるかが決め手です。

【反復】

規則的な反復の一部に変化をいれて伝える

反復には規則性が大切です。規則的に繰り返すパターンは個性も生みますが、安定も生み出します。壁紙は規則的なパターンだからこそ、気持ちを邪魔しない安心感が生まれるのです。障子の格子模様、屋根の瓦、ブラインドなど、建築関係の形はたくさんの規則性でできています。また自然の中にも規則的な反復があふれています。花びら、葉、花の群落、連山の連なり、雲、波など、みな反復の美しさを持っています。だから人間は自然界を見習って、自分たちのつくったものに反復を重要視したのかもしれません。

反復の美しさを理解したうえで、ここからは反復の規則を破る方法を考えましょう。ビジュアルコミュニケーションは規則と規則破りからできているのですから。

右の絵を見てください。黒くて太い線が規則的に並んでいます。線を１、２本変化させると突然、安定や気持ちよさが破れて緊張した何かが生まれます。この絵では、１本の線が弓なりになることで何かに似てきますね。檻が破られて脱獄のように見えます。ビジュアルコミュニケーションの規則破りによる伝達の基本形です。

脱獄

【反復】

反復で規則を破る方法

反復にどのような変化を起こすかで、ビジュアルレトリックのコミュニケーション力や面白さを無限に引き出すことができます。反復でビジュアルアイデアをつくるポイントは規則性を維持しながらも規則を破ることですから、1、2カ所だけ破るのではなく、全体で破ることも可能です。たとえば錯視やオプティカルアートの作品は、規則的な線などが円や球やいろいろな形にゆがむことで成立しています。ヴィクトル・ヴァザルリのアートは見事なもので、まったく同じ視覚の中に円が収まったパターンが画面全体に広がっていますが、色の変化だけで想像を超えた複雑なアートを感じさせます。

広告の例でいうと右のビジュアルはどうでしょう。ダイエットケーキの広告と考えてください。ダイエットの必要性を訴えるためにシャツのボタンの並び方を工夫します。ここではお腹がふくらんで太っている人を表すため、均一であるはずのボタンの大きさを変化させています。太っている人が着ているシャツのお腹の絵ですが、ボタンの並び方という規則性は変えていませんね。

ダイエットのすすめ。

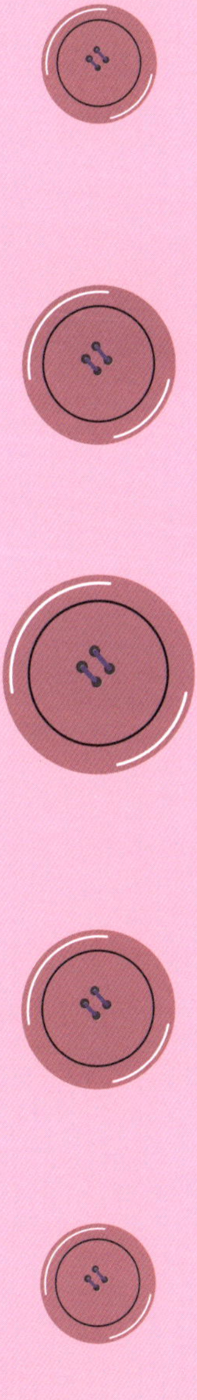

【反復】＋【アナロジー】

反復しているものを異なったものの反復に変える

ある反復を、違う反復に置き換えるわけですから、このレトリックは「反復」と「アナロジー」の共同作業になります。広告の場合は、自分やブランドがもつ反復の素材をもうひとつの世界がもつ反復の素材に置き換える必要があります。

ベルリンフィルのポスターで、スメタナの『モルダウ』をテーマにしたポスターの話。ビジュアルはモルダウ川の流れやしぶきの反復を、音符の反復に置き換えたものです。水のしずくひとつひとつが音符に置き換えられていると考えてください。こまかい作業ですがとてもうまくできており、まるで音楽が流れているように感じられます。もうひとつは、タンポポの綿帽子が風で飛ぶシーンを、楽譜の反復で置き換えています。

反復といえば、眼科の視力表がありますね。あの上下左右どこか欠けたサークルの大きさで、視力をはかるというもの。これを違う反復に置き換えられないかと考えてみました。ファーストフード店のメニュー表を思い出して、ホットドリンクやカップスープを上から見た形に置き換えて反復してみました。

眼科のドリンクメニュー。

46

【反復・集合】

反復で、違う形をつくる集合

反復と繰り返しで、まったく違うものを示唆することができます。デザインをやっている人には簡単にわかると思いますが、違うものを並べてある形に納めればいいのですから簡単です。これを「反復・集合」といいます。

たとえば、最近目立つ2020年の東京オリンピック招致用ポスターのビジュアルは、カラフルな桜のパターンが日本を示唆する円になるように集合しています。それほど規則的ではありませんが、形に共通性があるので成立しています。これと似たつくり方でラックスシャンプーでおなじみの多国籍企業ユニリーバのロゴは、自然、動物、人間などのモチーフをランダムに並べて「U」というアルファベットに集合してできたロゴマークです。この場合の共通性はシルエットです。

右の絵は、キュウリでなすの形をつくったものです。逆になすでキュウリもできますし、色の効果も複雑な組み合わせができます。反復+集合のビジュアルレトリックでは無限に可能性が広がると思われます。

キュウリなす。

【反復・集合】

AとBをつなげるために Aを反復してBに集合する

広告はメッセージを伝えなくてはなりません。その場合伝えるメッセージから、反復するビジュアルと集合させるビジュアルを考えます。

P&Gアリエール（洗剤）の海外広告の例があります。広告のメッセージは「白が輝く、洗剤」。「白」い洗濯物を使って、「輝くもの」に集合させるということで、白いものを「タオル」、輝くものを「電球」として、電球の形に輝くタオルが集合しているというアイデアがありました。

右の絵は、テニスコートのあるリゾートホテルの広告です。「ビールが待っているから、テニスを頑張りましょう。」というメッセージをビジュアルで伝えるために、テニスとビールを結びつけるアイデアをつくります。テニスボールを反復して並べて、ビールジョッキの形に集合させればいいのですが、よりビールらしさを伝えられないか。テニスボールには黄色と白のボールがあるので、泡や取っ手の部分だけを白にして、ビールの液体を黄色にしました。

テニスを頑張れるわけ。

18

【反復・集合】

商品企画における反復のアイデア

プロダクトデザインや建築では、部分的に、または面の処理などに反復がよく使われます。特に機能が関係する空気や熱の孔は規則的に開けられますね。クルマのラジエターグリルや換気扇の吸気排気口に顕著です。建築でも窓の反復の仕方はその建築のトーンをつくる支配的な力になっています。これらの反復はグラフィックデザインの反復と同じように、ある気持ちよさや安心感を与えます。

では、反復それ自体をアイデアとした建築やプロダクトデザインはないのでしょうか。建築ではすでに取り壊されてしまいましたが、黒川紀章さんが設計したカプセル型集合住宅の中銀カプセルタワーがありました。これは丸窓がついた四角いブロックを積み上げた宿泊施設で、増殖を可能にしたアイデアでした。

プロダクトデザインで右のような増殖可能なコンセントを考えてみました。危険なたこ足配線を安全にできるように工夫は必要ですが、立方体のブロックにすることにより省スペースでたくさんのコンセントに対応できます。また色違いのコンセントを増やす楽しみもあります。

増やせるコンセント。

7

差を接近させて
アピールする

【コントラスト（対比・並列）】

枠組みを変えるレトリック

⑦【コントラスト（対比・並列）】

2つを並べ比較して差をアピールする

コントラストには対比と並列があり、２つの違いはニュアンスの違いで、対比は比較のウエイトが強く、並列は並べることのウエイトが強いぐらいでしょうか。どちらも並べて比較することなので、ここではほとんど同じと考えて差し支えありません。強いて言えば、対比は正反対や逆など、差の大きさが重要といえるかもしれません。

文章や言葉では並列より対比色が強い傾向にあり、ビジュアルや広告においては並列が多い傾向は視覚的特性によるものと思われます。

コントラストは、レトリックとは敵対関係にある写実系のアイデアと結びつくと比較のデモンストレーションに進展しますので、広告では有名なアピール手法となっています。最近のテレビ番組では早食い競争などに使われ、競争する２人の皿の数を同時に２画面で比較しながら見せるなど、リアリティの強化に使われています。

コントラストはまた、接近して並べることによっていろいろな差を見せることができます。グラフなどは視覚的に並べることで差を見せる方法ですから一般的に使われているコントラストのよい例ですね。

小説や文章のコントラスト

日本のことわざと論語におけるコントラストを４つ紹介します。どれもが逆に近いコントラストで激しく真実を突きつけています。これらの対比効果は短くてシンプルで、まるで現代のコピーですね。蕪村の句は、春という季節の自然の対比を描いた情緒的なコントラスト。倉橋由美子は、重くて暗い動詞のコントラストです。

明日の百両より今日の五十両
売り言葉に買い言葉
遠くの親類より近くの他人

故きを温《たず》ねて新しきを知る
（孔子『論語』）

菜の花や月は東に日は西に
（与謝蕪村）

家は帰還すべき巣ではなくつねに脱出すべき檻だった
（倉橋由美子『暗い旅』）

広告コピーに見るコントラスト

ここに紹介するコピーはコントラストのレトリックですが、同時に音の反復のレトリックも使用して強くアピールしていることに注目してください。またどのコピーにも「真実」の発見というリアリティがあることも重要です。糸井さんのサントリーレッドだけは、愛し方の違いが「すこし」と「ながく」ですので、イメージのコントラストといえましょうか。

あなたがいま辞めたい会社は、
あなたが入りたかった会社です。

1998年　リクルート人材センター　C：梅沢俊敬

頭にくるけど、
男の視線は足にくるのね。

1988年　中央物産／ドクター・ショール　C：源中冬彦

ロレックスとは、妻より長い。

1998年　ロレックス　C：岩崎俊一

地上だけが変わる。空は変わらない。

1992年　キユーピー／アメリカンマヨネーズ　C：秋山晶

すこし愛して、
ながく愛して。

1982年　サントリー／サントリーレッド　C：糸井重里

ビジュアルでコントラストをつくる方法

　ビジュアルは視覚だから楽にコントラストのアイデアを考えられそうですが、実はそうでもありません。接近させて共通性を見せながらでないと、差をアピールしにくいのです。グラフィックデザインや広告ではクイズのように時間をかけて探すわけにはいきません。瞬時に差を見せられることの工夫が必要です。

　また、このコントラストは２つを並べて比較しなくてはいけませんので、ビジュアルは媒体の制限や条件によって変化するスペース取りの影響が出ます。見開きページや中刷り２連貼りなどの横長ならば比較しやすいのですが、縦長ですと対比がしにくくなります。スペースを有効に使うコントラストのアイデアを工夫しましょう。

　コントラスト表現を成功させるには、接近させ、共通性を増やし、違いのコントラストを明解にするのが鉄則です。

49

【コントラスト】＋【結合】

祇園と秋葉原のコントラストを縦長の１ページで考える

コントラストの表現は上下より左右の対比が見せやすいので、広告の場合、見開きや２連貼りを使って表現するケースが多いと思います。これに対して、縦長ページですと工夫を要します。細長い２つの絵や写真によって比較することになるので、どうしても見づらくなります。比較にあたりその差だけをアピールするために、どちらにも共通するビジュアルの必要性もあります。そこが縦長ページでの苦しさです。

右の絵は、画面をタテに割った２つの画面に連続性や関係性を持たせるために、真ん中に共通の若い女性を一人配置した上で、髪飾りから化粧コスチュームと真っ二つに分けています。さらに背景である祇園の鳥居と秋葉原のガードを同じ位置に配置して連続性を出すことで、比較が効くようにしています。背景と前景の女の子の着せ替え人形のような結合の違和感が、祇園と秋葉原のギャップというコントラストで伝えます。

このようなレイアウトを含んだ対比のアイデアは、フォーマットとしてシリーズにすると効果が上がります。

京都 vs 秋葉原。

【コントラスト】＋【結合】

エレベータの開閉サインの問題をコントラストで解決する

プロダクトデザインやサインのデザインは、問題や課題を解決するという目的が大いにありますので、まず問題が何かを発見することが最初に問われます。

エレベータのサイン問題について考えてみたいと思います。エレベータは安全を期してすぐに閉まらないように設定されていますが、乗った人はすぐ閉めようとしますね。その時、誤って「開」を押してしまうことがあります。反対に、人が駆け込んでくるのを助けようとして「開」を押すつもりで「閉」を押してしまい、双方が気まずい思いをすることも起こります。

これは「開」と「閉」が似た漢字であることと、サインに使われるシンボルが三角形２つの組み合わせでできていることが原因です。三角形が内向きの組み合わせと外向きの組み合わせでは、一瞬の判断がしにくいのです。ここにコントラストを使うと右の絵のようになってわかりやすくなると思います。２つのボタンを接近させ、明るく大きい色が「開」で、狭く暗い色が「閉」です。

エレベータの開閉スイッチ。

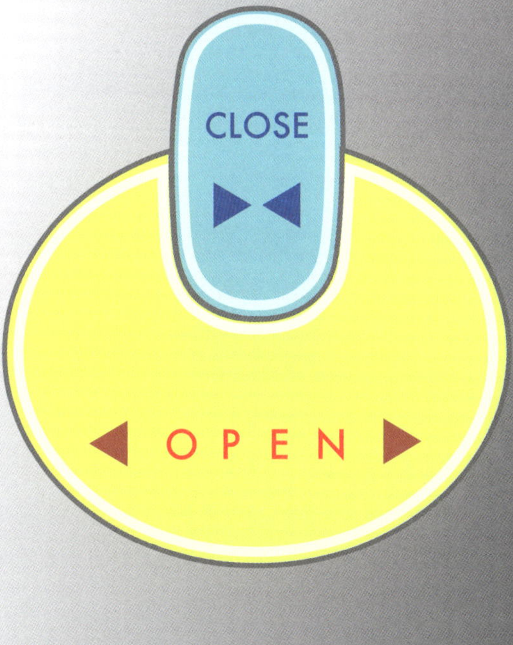

【コントラスト】（180－181 のページ）

イタリアと日本の違いをコントラストで表す

ここからは見開き２ページを使ってオーソドックスに２つのビジュアルのコントラストで、いろいろな差違をあぶり出していきましょう。

どんな対比でも両者に共通する視覚性が差違を引き立たせますので、共通するものを大事にしながらその差をアピールするようにします。180－181 ページの例はイタリアと日本をテーマにした比較ですが、身近な麺を使って文化の違いを見てみましょう。麺といってもスパゲティの形と蕎麦の形では差が出にくく、双方の文化が感じられません。そこで食器の登場です。フォークと箸では明らかに形が違いますし、それぞれの文化も伝えることができます。ポイントは同じ高さの位置からフォークと箸を突き出すことです。レイアウト的な共通性を持たせることで、両文化の違いを目立たせることができます。次に麺をフォークに巻くのと、箸の先端に蕎麦を３、４本つまむ違いを出して、最後は背景のイタリアを表す緑と日本の赤のコントラストで完成です。

【コントラスト】（182－183 のページ）

ウィーンと宝塚の違いを歌劇のコントラストで表す

似たようなものでも、並べて接近させて見ると違いがはっきりとわかってきます。どちらも歌劇の舞台ですが、モーツァルトの本場ウィーンと日本で独自に発達した宝塚とでは大きな違いを発見できます。

ウィーンの代表的な演目であるモーツァルト『魔笛』の売り物、夜の女王は紅白の小林幸子のように高い階段の上や空から登場します。そして上段で歌います。一方、宝塚の舞台のフィナーレでは出演者が天井近くまである大階段を上から降りてきて、主役は下で歌います。階段のコントラストの次は、主役の違い。ソプラノのプリマドンナはふくよかで声量があるのに比べ、宝塚はスリムで背の高い男役というコントラストですね。

どちらの衣装や持ち物もかぶり物や背負いものがあり、ステッキがあり、派手です。その派手さの違いにも注目してください。究極は、ウィーンでは太っていてもあくまで女性歌手であるのに対して、宝塚では女性が演じる男性という錯綜したヒーローイン（ヒーロー＋ヒロイン）のコントラストが見ものです。

イタリアトスカーナ。

東京神田。

ウィーン国立歌劇場。

宝塚大劇場。

【コントラスト】＋【隣接喩】（186－187ページ）

京都と大阪を対比する着倒れと食い倒れ

今度は言葉のコントラストを絵にしてみましょう。日本で有名なコントラストで表現された言葉に、「京の着倒れ、大阪の食い倒れ」があります。コントラストはこのように言葉でいうとシニカルで象徴的な真実を伝えることができますが、絵ではどうでしょう。

「着倒れ」「食い倒れ」は、儲かっている商家などの旦那や奥さんが、趣味に明け暮れ、連日高価な服や食べ物に財を費やしたあげく、家を傾かせる（財を失う）という意味です。

着物で家が傾いたり、食べ物で家が傾いたりする絵は難しいですよね。童話のようにお菓子でできた家を傾けるとか、フォアグラやトロでできた家を傾けさせることはできるでしょうが、何かしっくりきません。こういう場合こそ他のレトリックを併用するとうまくいきます。ここでは隣接喩を使って「着るもの」を「反物」に、「食べるもの」を「皿」に置き換えました。反物や皿は積み上げられるので倒すことができます。またそれぞれの上に鬼瓦とチョコの家を乗せてみました。

【コントラスト】＋【クローズアップ】（188－189ページ）

パリと江戸をクローズアップで対比する

ビジュアルのコントラストでは、ある象徴的なものに焦点を当てると意外な比較効果が生まれ、印象的な対比表現ができます。部分に生命が宿り、その部分同士が生き生きと反応して文化の競争状態のようになるのです。たとえば西洋の「青い目の人形」と日本の「木目込人形」の対比で目だけを見せるという方法です。こういうレトリックのことを「クローズアップ」と呼んでいます。「単純化」の仲間です。このクローズアップを併用するとシンプルな対比ができます。背景のコントラスト表現も重要ですから工夫が必要です。

188－189ページの絵は、足元のクローズアップによる対比です。「ファッションショー＆パリ」と「花魁道中＆昔の日本」を表現したものです。まず履き物の違いが歴然としています。モダンでハイファッションな赤いハイヒールに対し、真っ黒で三本歯の大きく重い道中下駄が絶妙のコントラストです。それぞれの足の様子、服の違いもさることながら、観衆の顔と下駄で背景の差を出しているところをよく見てください。

着倒れ。

食い倒れ。

パリのファッションショー。

江戸の花魁道中。

【コントラスト】＋【単純化】（192－193 のページ）

アメリカとアジアの耕作地を単純化して対比する

単純化のレトリックでいちばんよく使うのは、余計なものをそぎ落とす省略による単純化です。この方法はサインやシンボルマークなどをつくる時に有効な方法ですが、ちょっとしたこつが必要です。単純化した方法でパリとニューヨークを対比した『Paris versus New York』というビジュアル本がアメリカのペンギンブックスから出ていますが、全編で２つの都市がシンプルに比較されていて参考になります。たとえばゴダールとウディ・アレンの対比では眼鏡のフチと目玉の点だけが描かれ、２つの違いは点の位置だけなのにすぐわかるという具合です。

そこで、アメリカとアジアの耕作地の対比を単純化した線でやってみました。アメリカの耕作地は広大で区画が広く、真四角で、トラクターを使います。それに対し棚田など急峻なアジアの耕作地では、入り交じった曲線、密度が高く狭い田んぼ、作業は人や家畜です。

線の太さがほぼ同じ単純化した線で対比すると、その特徴の違いがよく出てきます。小さいけれどトラクターや人の存在もコントラストを効かせるのに役立ちます。

【コントラスト】（194－195ページ）

シドニーvs宝塚
都市風景同士の対決

コントラストのレトリックの最後は、都市の風景同士の対比です。どこかに共通性がないと対決も比較できないので、似ているものがある風景が選び方のポイントです。パリや東京のようにどちらにもシンボリックなタワーがあれば対決は面白くなりますが、ベルリンと千葉ではなかなか難しいかもしれません。

たとえばオペラ座はどうでしょう。ひとつはオーストラリアの中心都市シドニーのシンボルである世界遺産のオペラ座にします。もうひとつを他の都市から探して、ユニークなオペラ座都市対決ができます。

パノラミックな都市風景は横に景観が広がりますので、並べ方を上下にします。そして横長の風景というのが大切ですね。ちょっと予想外ですが宝塚の風景を選びました。関西の人にしか知られていない大正ロマン風の劇場、それに同化した高級マンション群と山の上にそびえるすみれが丘の高層マンション群や町の前を流れる武庫川。このパノラマ風景でシドニーの世界遺産劇場、ハーバーブリッジ、シドニー湾の豪華客船と戦いました。さて、どちらの勝ちでしょうか。

アメリカの農業。

アジアの農業。

世界遺産のオペラ座。

大正ロマンのオペラ座。

宝塚大劇場

8

常識を逆にする

【逆転（対義結合・反語・逆説）】

枠組みを変えるレトリック

⑧【逆転（対義結合・反語・逆説）】

逆にすることで、
新しいものを発見、伝え、つくる

本来の修辞法には「逆転」という分類はありませんが、修辞法の「対義結合」や「反語」などは逆転のレトリックと大きく考えてもよいのではないかと考えています。コピーやビジュアル表現まで含めると、大きいフレームである「逆転」のほうがつくりやすいからです。

対義結合とは次のような言い方です。

「急がば回れ。」

「ただより高いものはない。」

「慇懃無礼」

これらの言葉は反対の意味を結合しているので、対義結合と呼ばれます。これは逆の言葉によるショックをねらったつなぎ方をしているだけで、実際はいくつかの言葉を省略しているのです。「急ぐのなら、時間が少しかかるけど、安全な回り道をした方がよい。」といった意味を印象的にしたものと考えられます。だから、「急がば回れ。」「その心は〜」のように注目が集まってからその理由を話し出せば、みんな聞く耳を持つのではないでしょうか。キャッチコピーと同じですね。注目してボディコピーを読んでしまうという手法です。広告ではよく使われます。

ビジュアルの逆転は視覚的なインパクトは大きいのですが、理解するためには文章に協力してもらう必要があるかもしれません。だからCMのように音声や言葉の助けがある媒体では、逆転を鮮やかに見せることができます。たとえば以前にカンヌの広告賞を受賞した味の素スタジアムのCM。ある男子大学生が大学の教室に行くと可愛い子が多いのに感激しますが、隣の女子大生が電話に出るとその声が男声なのにびっくりします。どこに行っても女子の声が男声なので逃げ出す途中で、女の声をした不細工な女子大生にぶつかり関係ができてしまう話ですが、オチはみんな味の素スタジアムで大声を出して応援しているから声が男声になったのだというストーリー。これは平面広告ではできないCMならではの男女逆転のレトリックですね。

小説における逆転のレトリック

筒井康隆は「年月はまたたく間に経過する。」ですむ文章を印象的にするために、副詞のような使い方で「その日その日は退屈で、でも何も起こらず全体的にはあっという間に」などのニュアンスを託して、逆同士の言葉を挿入しているように思います。

倉橋由美子の場合は、灼けたフォークの熱いを「冷たく」、冷たい氷を「燃え」と逆の表現で言っています。極端なものを逆の極端で表現すると、熱さや冷たさが誇張できるのですね。

年月は長くゆっくりと早くまたたく間に経過する。

（筒井康隆『虚航船団』）

それは灼《や》けたフォークのように冷たく、氷のように燃えていた。

（倉橋由美子『聖少女』）

広告コピーにおける逆転のレトリック

逆転でつくったコピーには印象的なものが多いですね。吉田さんの西武は「大きらい」という感情の大きさが、逆に「大好き」という気持ちにプラスされる逆転です。岡部さん、青木さんのえくぼは真実の大発見。何事にも逆の真実があるようです。竹内さんの日本経済新聞社は、これも逆の真実。「学校入ったら、遊ぼう。」の４年後の姿ですね。最後の仲畑さんの日本ペプシコーラ社ですが、この場合の逆転は競争相手の商品を薦めるという意味の逆転ですね。

あなたなんか
大好きです。

1988年　西武百貨店／バレンタインデー　C：吉田早苗

遊ばなきゃ、
働いていられない。

1996年　九州旅客鉄道　C：芳谷兼昌

私の場合、仕事は娯楽です。
ちょっと大変ですが。

1987年　リクルート/とらばーゆ　C：中村禎

お母さんを育てるのは、
赤ちゃんです。

1990年　講談社/えくぼ　C：岡部正泰、青木智子

諸君。
学校出たら、勉強しよう。

1983年　日本経済新聞社　C：竹内基臣

カロリー不足で、お悩みの方々へ。
ダイエット ペプシより
コカ・コーラ ライトをおすすめします。

1993年　日本ペプシコーラ社　C：仲畑貴志

ビジュアルで逆転のアイデアをつくる

逆転のビジュアルも言葉同様強いインパクトがあります。なにしろ視覚が逆になる場合が多いので、脳に刺激が強いのですね。視覚的だけではなく、記憶に対しての逆も効果があります。

男女の逆転だけでなく、大人と子どもの逆転もCMにはよくあります。アメリカのショッピングセンターのCMで、バーゲンセールの売り場から離れたくないとダダをこねるママを子どもが引きずっていくアイデアがありましたが、これもビジュアルインパクトが強いですね。

またグラフィック広告では、フォルクスワーゲンが「山に強い」ことを伝えるための広告があります。なんとフォルクスワーゲンのあのVWのマークが逆さになっているだけのビジュアルです。VWのマークを上下反転すると山の形になります。そのことでシンプルに山岳に強いことをアピールしているのです。

広告ほど多くはありませんが、建築やプロダクトにも逆転の例はあります。ひっくり返っている建築などがそうですが、それほど頻繁にはありません。商品企画系ではリバーシブルな商品も逆転ですが、今後はシステムの逆転を考えることに可能性があるように思います。

【逆転】

逆にすると違うものにできる
五重塔を串かつにする

形を逆にすると違うものに見える場合がありますよね。視覚の不思議なところです。ハートを天地逆にするとお尻に見えたり、開いた傘を逆にするとパラボラアンテナに見えたりします。視覚の形を逆に見るのはデザイナーの得意とするところですから、今後はいろいろな逆のビジュアルがたくさん生まれてくると思います。

少し前に大阪へ行った時、まだ行ったことがなかった新世界へ行ってみたいと思い、通天閣に登ったりしましたが、その時感激したのがじゃんじゃん横町にある「八重勝」の串かつでした。串かつは焼き鳥と同じように串に刺して供されるものですが、衣をつけて揚げた上にソースまみれにするので元の形は覆い隠され、なんとなく部分的に素材の記号が残っているにすぎません。うずらの卵やししとうなどの小さなものは、何段か重なることも隠された素材の記号を楽しむことにつながっています。隠すことができるならこんなこともできるだろうと思い、近くの高台にある四天王寺の串が刺さったような五重塔を逆にして、串かつにしてしまいました。五重塔がおいしく見えますか。

大阪ソウルフード。

58

【逆転】

地図を逆さに見る逆転で発見すること

コピーライターの土屋耕一さんはコピーを書く時、広告に使う写真を上下逆にして壁に貼り、コピーを書いたと聞いたことがあります。逆にすることで写真の説明ではない言葉のアイデアがわいてくるのでしょう。

これに近いのですが、地図も逆にしてみるといろいろなことを語ってくれます。オーストラリアに行った時、はじめて南北逆転地図というのを見ました。オーストラリアが左右のセンターやや上にあって、いろいろなものが見えてきます。上は南極しかないとか、世界のほとんどは下に落ちてしまったとか。でも最大の発見は、左右の海が大陸によって閉ざされていないということです。太平洋もインド洋も大西洋も小さい存在で、オーストラリアにとってはオーストラリアの海がそのまま世界につながっていることがわかります。

右の絵は、日本周辺を上下逆転して描いたものです。ロシア、朝鮮半島、中国を遮っている砂州のような壁が日本だとわかります。全体的にはヨーロッパの地図に似ていて、日本は丁度イギリスのようにも見えます。

日本はイギリスだ。

PACIFIC OCEAN
EAST CHINA SEA
Shanghai
Tokyo
Osaka
JAPAN
SOUTH KOREA
CHINA
JAPANESE SEA
NORTH KOREA
Beijing
A OF OKHOTSK
Vladivostok
MONGOLIA
Ulaanbaatar
RUSSIA

【逆転】

白黒を逆転する

白と黒の逆転は、たとえばえん罪などの逆転裁判で時々ありますが、この場合の白黒は無罪と有罪のメタファー表現です。「白黒をつける」などといいますね。

ビジュアルの白黒については逆転が難しい例がたくさんあります。碁石やチェック模様などですね。白と黒を逆転しても、逆転したように見えないのが特徴です。だから注意しなくてはいけません。シマウマやパンダや猫などの模様は白黒逆転しても効果がないので、黒を赤に置き換えるなど、後でお話するミスマッチのアイデアで考えたほうが効果は高くなります。

白黒写真のネガとポジの逆転はよくわかりますが、もっと効果的なものはないでしょうか。「白」や「黒」に決まっているものなら逆転の効果はあるといえましょう。たとえば「横断歩道」。道路を真っ白にして、歩道を黒で描くと印象的です。右の例は黒鍵と白鍵の逆転です。厳密には昔のハープシコードの鍵はこうだったので音楽マニアには異常ではありませんが、一般人には効果があります。タイトルもヤマハの逆で考えました。

「HAMAYA」ピアノ。

【逆転】＋【メタファー】

色のメタファーで色のイメージを逆転する

色の逆転というのはありません。なぜなら青の逆は赤でも黄でもないからです。色相環では反対に位置する色彩はありますが、一般人の意識の中に反対の色はないのです。

でも色のメタファーで考えると逆はあり得ます。色のリサーチや色彩辞典などで見ると、色には典型的イメージというものがあります。「赤」は、血、怒り、革命、危険、女性など。「黄」は、東洋人、光、注意など。「緑」は、植物、安らぎ、安全など。「青」は、海、空、さわやか、男性など。ピンクは、女性的、セクシーなど。「白」は、潔白、清らか、優雅などのイメージがあることがわかります。このメタファーが持つイメージで逆転することができます。たとえばゲイ専用のトイレマークの場合、女性の形（スカートは拡がっているサイン）を青で塗りつぶせば、ゲイ用トイレになるかもしれませんね。

右の絵は、「赤」を使うべき禁止マークに安全やOKを意味する緑を使った場合です。禁煙マークが喫煙場所に逆転してしまいます。

喫煙場所？

【逆転】＋【反復・集合】

逆の形で
逆の意味を伝える

言葉の逆転に対義結合というレトリックがありました。「慇懃無礼」とかですね。これをビジュアルで考えてみます。怒っている顔を頭を下げているビジュアルでつくるようなものですが、これは大変な作業です。これができるのは、単純な逆を表すシンボル同士です。しかも別のレトリックを借りないといけません。

反復・集合で見せた「キュウリなす」がありましたね。あれはキュウリをなすの形に集合させたものですが、この集合を使えば反対のものの形に集合させることができます。たとえば火のビジュアルをたくさん集合させて、氷の形にすればいいのです。この場合、炎の色は青くしないと氷らしくならないので気をつけてください。

右の絵は、逆転を使ったことわざ「負けるが勝ち」をビジュアルにしたものです。伝えたいメッセージは「戦わずに勝ちを譲ったほうが最終的には勝つ」という意味で、それを伝えるために。下向きの矢印を、上向きの矢印の形に集合させています。こんなに勝ちを譲って大丈夫でしょうかね。

負けるが勝ち。

【逆転】

常識を逆転して怖さを伝える公共広告

広告で逆転ビジュアルを考える場合、一番アイデアがわきやすいのは常識を逆転することではないでしょうか。特に自然の法則に反する逆転は考えやすいです。たとえば実像と影を逆にしたり、滝が登るなどです。

海外の電動アシスト自転車の広告に、坂道を自転車に乗って上ってゆく女性の長い髪が風で進行方向になびいているものがありました。常識では髪は自転車の進行方向の逆に流れるものですが、ここでは電動アシストの力が強風となって強い追い風であることを表しています。このような常識を逆転するアイデアは視覚的に強い違和感を生み出すので、インパクトに結びつきます。

右の絵は、喫煙は周りの人には迷惑であることをビジュアルの逆転で表現したものです。人の喫煙は前にいる人にとってタバコの反対の切り口をくわえて吸っているようなものだと、タバコの吸い口の逆転で表現しています。

他人のタバコ。

【逆転】

ファサードを床下や屋根裏でつくる建築の逆転

建築の逆転とは家がひっくり返っているだけではありません。考え方を逆転することで常識を否定し、住みよくすることも逆転です。たとえば敷地が狭いために1階に光が当たらないケースなら、夜しか使わない寝室や書斎や風呂、納戸などを1階にして、リビングキッチンや子ども部屋を2階にする。これも常識の逆転です。建築家・中村拓志さんが設計した恵比寿の集合住宅は、「庭の木々と建築の主従関係」を逆転した建築といわれます。もともとあった大木の根まで基礎を避けたり、枝の伸びる先にスペースを確保することで樹木を優先した逆転建築ですね。

家を建てて不便に思うことのひとつにメンテナンスの大変さがあります。電気工事、電話線工事、下水、水道、外壁、クーラー。自分で直せるものは直したい。天井や床下に隠れていた配線や配管を逆転して、ファサード(顔となる建築の正面)にそれらを剝きだしにした家をつくりたい。配線、配管、ハシゴがファサードとなった家はメンテナンスにとって理想の家になるはずです。ただし防犯の面で考える必要はありそうですが。

メンテナンスの楽な家。

【逆転】

カメラをプロジェクターにする商品企画の逆転

商品企画やプロダクトデザインでは発想法がもてはやされていますが、その中に必ずあるものがアナロジーと逆転です。アナロジーより難しいのが逆転で、うまく行けば逆転の発想として賞賛されます。

最近で世界的に話題を呼んだ逆転の発想は、英国ダイソン社の発表した送風機です。ダイソンはもともと強力なサイクロン方式の掃除機で有名になった会社です。ここに秘密があります。送風機の原理として、掃除機を逆転したのがダイソンの送風機です。掃除機には必ず、吸い込み口と吹き出し口がある。だから逆の吹き出し口を商品にしたものが送風機なのです。もちろんいろいろな工夫で、やさしく強力な風が危険な羽根なしで実現したのです。

一眼カメラもデジタルの時代になりましたが、もっと便利にするためにカメラがそのままプロジェクターにならないか。レンズも液晶も入っているのだから、逆にすればプロジェクターにできる可能性があります。ただし、光源の問題解消にもう少し時間がかかるかもしれません。

プロジェクター・カメラ。

9

まったく異なったものを
一緒にする

【結合】

枠組みを変えるレトリック

⑨【結合】

異質なもの同士をひとつにする

「結合」は本来、レトリックにはない言葉です。しかし「対義結合」はあります。「対義結合」は逆のほうに力点を置いて「逆転」のように見えますが、反対のものを結合するという意味であって、実は「逆転」+「結合」なのですね。「対義結合」から発展独立させたわけは、逆転でなくても異質なものは結合できるからです。新しい対義結合は「異質結合」と呼んだほうがいいかもしれません。言葉に比べると、特にビジュアルや商品開発では重要な現代的レトリックだと考えます。

この次に説明するのは「ミスマッチ」のレトリックですが、結合とミスマッチは異質なものと合わせるという点で似ているところがあります。ミスマッチが合わないことの重要性に力点を置いているなら、結合は合うことに力点を置いているといえます。

結合はいろいろな意味で、人間の文明や歴史の重要な動力のひとつのような気がします。西欧美術では、特にモネやゴッホなどは、日本の平面的な浮世絵や琳派の絵の考え方を結合して印象派などを生み出しました。我々は品種改良を異種の染色体の結合でつくり出します。ハイブリッドは異種結合なのです。この結合やミスマッチのレトリックはクリエイティブなアイデアをたくさん生む可能性があります。

小説の結合は「対義結合」で説明したのでここでは割愛します。

広告コピーの結合

意外とコピーには結合が少ないです。結合の言葉は一般によく使っているのに不思議です。ネーミングではたくさんあります。ゴリラとクジラを結合したゴジラとか、ハンディカムやリンプーなど、ネーミング法にはたくさん載っていますのでそちらを参考にしてください。

安藤さんのサントリーワインは「母」と「わはは」の結合で「反復」のレトリックも加担しています。榎本さんの電気事業連合会はリアリズムの表現ですが、テレビを介してオヤジと力道山が結合しています。

あさってはハハハハの日である

1985年　サントリー／サントリーワイン　C：安藤隆

中継が始まると、
親父は力道山になった。

1982年　電気事業連合会　C：榎本宏

ビジュアルの結合

ビジュアルで「結合」のレトリックを使ったものは非常に多いです。とんでもないものを結合してもぴったり合っている感じが出せるのは、視覚だからでしょうか。自分で考えていてもいちばん面白いアイデアが浮かぶのは結合を考えている時ですね。結合の特徴は、２つのものを１つにしたらまったく違うものになったり、１つの世界で２つのものが見えてくることです。

以前、あるコンタクトレンズの広告をつくった時の話です。この商品の日本でのシェアがトップだった時代、１日使い捨てレンズを１週間使ったり、２週間用を１カ月使う人が増えてきて対策をとる必要が生じた時に考えた新聞広告があります。業界トップブランドの責任として、誤った使い方は目を傷つけることを伝えるビジュアルを考えました。コンタクトレンズが凶器になることを伝えたかったので、レンズと同じように見える凶器はないかと考えました。ありました、画鋲です。そこで画鋲とコンタクトを結合し、指の上に針のついたレンズを乗せた写真を広告にしたのです。見た人が恐怖を感じたそうで、クライアントは今でも怖がっています。

ビジュアルのスムーズな置き換えには、やはり他のレトリックと同じように共通性の存在がよい接着剤になりますので、接着剤がポイントです。

【結合】

石鹸と飛行機の結合 どちらもよくおちる

落語や大喜利でよく見たり聞いたりするものに、「〜とかけて〜と解く、そのこころは〜」というなぞかけがあります。1つの言葉に対してとんでもない言葉を、そのこころの共通性でおとす話です。

この遊びをビジュアルでやるとユニークなビジュアルが誕生します。たとえば「新聞の朝刊」と「ニワトリ」の場合、朝刊を折り紙にしてニワトリを折った写真があるとします。折り紙のニワトリですからとてもインパクトがあるビジュアルができます。意味がまだわかりませんよね。そこにキャッチコピーでどちらにも共通する言葉「朝早いもの」と書くと、とたんに意味が通じます。ビジュアルはインパクトを担当し、コピーがこころを担当するのです。

右の絵は、ビジュアル的に共通するものがお互いにない石鹸と飛行機ですが、それをむりやり結合してみました。何だろうというインパクトはありますが、ビジュアルに接着剤となる共通性がないのでコピーが必要です。2つに共通する接着剤はたとえば「よくおちる」でどうでしょう。

よくおちる。

【結合】+【アナロジー】

ビジュアルの共通性が接着剤 名古屋城となごや嬢

前の例は、むりやり結合したビジュアルをコピーの共通性によってしっかり接着する話でした。次はコピーのいらないビジュアルだけでわかる結合の話です。

アメリカのある缶詰メーカーの広告ではサーモンの頭の部分が、開けられた缶詰の半分と結合しています。つまり本物のサーモンと缶詰の結合ですね。強いインパクトでもはやコピーもいりません。その接着剤はどちらも似ている形、どちらもサーモンという共通性。さけの頭と鮭缶の横長楕円の形は非常に似ているので置き換えて結合できます。その上、調理された製品としての鮭缶と鮭の原材料が隣接喩になっていて、結合が2倍の力を持っていると考えられます。

右の絵は、名古屋城となごや嬢の結合です。どちらも名古屋なので言葉の音がビジュアルの結合に寄与していますが、ビジュアル独自では城の階層の積み上がり方とお嬢さんの髪の巻き上がり方の形による共通性と、金色の共通性が結合を強くしています。

なごや嬢。

67

【結合】

突然変異は結合が引き起こす金魚鉢の鮫

進化は、環境に対応するために染色体の突然変異によって引き起こされるといいます。共通性のある染色体同士しか結合できませんから、1カ所だけまったく違う形や色になる染色体に変化した場合、形や色が違う新しいものが生まれる可能性があります。

ヒマラヤには青いケシがあったり、人工的に遺伝子を加工して青い薔薇や新しい品種をつくったり、突然変異はまるで自然界のレトリック結合のようなものですね。

この進化論的な変異を常々絵でやってみたいと思っていました。花だけでも見たこともない花をつくれる可能性があります。でも可能性がありすぎて難しい。南米やアフリカにはまだまだ知られていない驚くべき花がありますが、イメージのほうが自然に追いつきません。

右の絵は、家庭用の水槽にいる金魚の模様をした小型化した鮫です。形は鮫ですが模様は派手な金魚や鯉を目指して開発しました。怖いですか。可愛いですか。水面近くに浮上してジョーズのマネもできますよ。あっ、忘れていました。鮫の性格は金魚と結合できませんでした。

突然変異。

69

【結合】＋【パロディ】

大きな目にはワイパーが必要 コミックと車の結合

結合のレトリックは、2つのものの共通性を媒介としてまったく異なるものを1つにすることができます。違っていれば違っているほどインパクトが増します。

海外の音響デザイン会社の広告に、フライパンとギターを結合したアイデアの作品があります。フライパンの「柄と鍋」がギターの形に似ているので、ギターの胴の部分をフライパンの鍋の部分に入れ替えた結合です。混血やハイブリッドに似ていますが、種内交配と違って種を越えた楽器と調理器の交配ですね。このシリーズには「フルート」と「金槌」の交配もあり、こちらは楽器と大工道具のハイブリッドでしょうか。

日本のコミックや漫画のキャラクターの目は大きくてまん丸や縦長の楕円をしています。あまりに大きくて、雨で濡れたら車のようにワイパーが必要になりそうです。そこで車のフロントグラスのように、目にワイパーを取りつけてみました。これは結合のレトリックですが、コミックキャラクターが有名ならパロディのレトリックもプラスされます。

目が曇る。

【結合】

シューズと水引の結合はお正月用の結合

結合のレトリックを使うと、一種異様な違和感を描くことができます。コミュニケーションのためのレトリックはこの違和感の力で見る人につながるわけですから、違和感を上手に使いましょう。

結合しようとする異なった2つのものにはそれぞれ独自のコードや記号が隠れています。それを結合すると、それまで隠れていた2つのコードが見る人の脳の中でぶつかり合ってスパークするのですね。このコード色が強いものといえば季節の行事があります。正月、バレンタインデー、卒業入学、クリスマスなどには当たり前のこと（つまりコード）があるので、コミュニケーションにこれを使わない手はないのです。たとえばマクドナルドで葉っぱの代わりにフライドポテトを使ってクリスマスツリーと合体させると、ポテトのツリーができます。

右の絵の紅白の水引にはお正月のコードが隠れています。ですから水引を使うと何でもお正月用にすることができます。これは箱根駅伝を見ながら考えたもので、マラソンシューズと水引を結合したおめでたいシューズです。

正月マラソン。
結合

【結合】

文字と絵の結合は
ユニークなのにわかりやすい

結合のはじめに見せた石鹼飛行機には「どちらもよくおちる」というそのこころとなる言葉（共通性）が必要でしたが、まったく違う形でも同じことを言うなら「こころ」は必要ありません。文字とビジュアルの関係などがそうですね。たとえば「落ちる。」という文字を書いた画面で、「。」の部分をヘリコプターの操縦席に置き換えて下の方に落とせば、落ちることは言葉いらずで表現できます。文字にビジュアルを結合するアイデアを駆使すると面白いものができます。

大学のゼミでレトリックによるビジュアルアイデアのつくり方を学生と演習していると、想像もできないアイデアを出す学生が必ず出てきます。これが楽しみで先生を辞められないのですね。

ある時の課題で、ミネラル分が豊富な水をテーマにしたことがあります。ある学生が出してきたラフスケッチには、習字で「育つ」と書いた紙の黒々とした文字から植物が生えている絵が描かれていました。見たことのない素晴らしい結合の姿がそこにありました。

気持ちの力。

【結合】

新しい製品は結合によって生まれる

ここからは商品企画やプロダクトデザイン、建築などをテーマに結合のレトリックを使ったアイデアを紹介します。

1900年初頭のオートクチュールはヘレニズム文化を結合して、女性をコルセットから解放し、アール・デコの運動に結びつきました。昔から、異なる文化が出会うとそこに比喩や結合の作用で新しいものが生まれてきました。一方日本では、西欧文化が入ってきてもののありようが変化しました。その典型が和洋折衷です。

和洋折衷はその名の通り、和と洋の「いいとこどり」による結合です。建築や食べ物によい例を見ることができます。ホテルでは箱根富士屋ホテルや日光金谷ホテルが有名です。また料理では、あんパンなどが生まれました。プロダクトではイサム・ノグチのちょうちん型照明などが有名です。折衷や結合は今や文化だけでなく、製品間の折衷や結合に及んでいます。

右の絵は、服が掛けられるようにハンガーと椅子を結合したハンガーチェアです。最近では時々見かけるようになってきました。

ハンガーチェアー。

【結合】

電球と時計の結合で新しい照明

電気製品は、結合でできた製品が多いですね。ラジカセはスピーカーを共有したラジオとカセットテープレコーダーの結合です。最近のDVDプレーヤーは液晶モニターを共有したTVとDVDプレーヤーの結合であり、自動車用のカーナビはTV、ラジオ、CD、DVDが四角い箱の中に全部結合して入っています。近来、部品が超小型化することによって形の自由度が増したため、何でも四角くなる傾向があります。結合しても形の結合より機能の結合にウエイトが置かれているように思います。そんな中で形の結合にこだわった商品ができないものでしょうか。

照明にはまだ新しい形をつくり出す余地がありそうです。暗くするときは蕾で、明るくすると花が開くという照明が紹介されていましたが、これは花の開花と結合した商品です。アナログ的なもののほうが面白い形になりそうです。

右の絵は、レトロな裸電球と時計の結合で考えました。球形に時計の針を配置して、球に沿うように針が回転するので楽しい照明時計となると思います。

電球時計。

【結合】

未来をデザインする ダムのホテル化

建築やインテリアの世界でも結合は数多くのアイデアを生んでいます。農地と屋上を結合したサスティナブルな住宅計画や、INAX（現・LIXIL）が提案した、野菜畑とキッチンを結合して流し台や調理台の下が野菜工場になっている育てるキッチンなど。このキッチンはグッドデザイン賞を受けています。サスティナブルや災害・貧困といった時代に合ったキーワードを表すものとの結合が、これからの建築や商品企画のキーワードでしょうか。

日本はせっかくつくった建築物をすぐ壊してしまう傾向にありますが、リノベーションでもっと有効に使う必要があるのではないでしょうか。右の絵は、今や邪魔もの扱いされるダムの活性化につながるアイデアです。これからダムをつくろうという場合や、ダムのリノベーションにホテルとダムを結合することでダムの未来を表しました。ダムの豊かな水資源をエンターテインメントにしたり、景観を売りにしたりすることで、新しい避暑施設ができる可能性もあります。結合によってできるアイデアは、最初は夢物語でも社会を変えていく力になると思います。

ダムホテル。

10

価値などが合わないもの同士を
並べたり
組み合わせる

【ミスマッチ】

枠組みを変えるレトリック

⑩【ミスマッチ】

合わないことが売り物になる組み合わせ

ミスマッチとは一般的には合わないことを表す否定的な組み合わせのことでネガティブな意味合いを持つものですが、レトリックでは合わないことを利用してポジティブに何かを伝えるものなのです。本来、古典的レトリックにはありません。しかし現代のアイデアをつくる場合、非常に有効な新しい組み合わせを生む考え方なので独立してレトリックの分類に加えました。

ミスマッチは本来、他のレトリックである比喩や結合や対比の一側面とも考えられます。つまり「合わないものに置き換えた比喩」だったり、「合わないものを並べるコントラスト」だったり、「合わないものをくっつける結合」など、「合わない」に焦点を当てたレトリックです。また、言葉などでは他のレトリックと差があまりないこともあります。どちらかというとビジュアルに強い効果のあるレトリックといえそうです。

ミスマッチでは決まりごとや科学的な事実に反するアイデアを意図的につくることになりますので、相当強烈な表現になることもあります。このレトリックアイデアを使用するには、当たり前を壊すつもりで常識をすべて疑ってかかってください。油断をすると常識の枠から脱出できませんのでミスマッチにたどり着けません。

また、文章の例では小説などの例が見つからないので割愛しますが、典型的なのは2つでセットのコード化した組み合わせをずらすことでしょうか。たとえば「バットとボール」だったら「バットとすりこぎ」のように通常は合わせない組み合わせといえばわかりやすいでしょうか。例は広告コピーで代用します。

広告コピーのミスマッチ表現

根岸さんのオカモト/コンドームは、男と妊娠の組み合わせがミスマッチ。「男が妊娠」は男女の逆転からもつくることができるコピーといえます。また一倉さんの講談社/FRaUは「頭」という言葉に使うべきでない形容詞のミスマッチ。短い言葉で、女性が顔や身体やこころの美しさだけでなく、頭の中の美しさが大事と言えているのが秀逸です。頭の擬人化でもあります。濱田さんのカゼ/ソフトウエアは、人間に使うべき言葉をものの言葉で表すというミスマッチですが、これは擬物化とも考えられます。

男も妊娠すればいいんだ。

1988年　オカモト/コンドーム　C：根岸礼子

アタマのキレイなひと。
フラウ。

1992年　講談社／FRaU　C：一倉宏

私は、あなたから、すこし、こぼれる。

1996年　カゼ／ソフトウエア　C：濱田篤

ビジュアルのミスマッチ

ビジュアルの表現ではミスマッチは現代的表現によく出てくるレトリックの典型です。他の古典的レトリックが目立たせるために少しずらした組み合わせをするのと違い、合わないということそのものをわざわざ楽しんだり、合わないことをコミュニケーションしたりするわけですから昔では考えられません。

海外の大人用おむつの広告で、運転席の座席が便器に置き換えられている写真を使ったものがありました。長時間トイレに行けない長距離を運転する場合に使ってください、というメッセージがついています。このビジュアルの場合、明らかに座席の形のアナロジーとして便器が使われていますが、ミスマッチ感がきわめて強く表現されているので画面では違和感が強烈に出てきます。ミスマッチのビジュアルではあり得ないことが明解に見えますので、安心してだれもが嘘であることを楽しむ余裕が出てきます。このあたりの余裕の感覚は誇張と近いものがあります。

【ミスマッチ】

ビールジョッキの代わりはカクテルグラスのミスマッチ

ミスマッチのアイデアを考えるには、まずお決まりの組み合わせにメスを入れることです。和食であればお茶碗に箸というのは決まりごとです。でも誰が決めたのでしょうか。これを破るのは法律違反でしょうか。そんなことはありません。それは伝統の作法にしかすぎません。実は組み合わせは個人の自由です。ご飯はスプーンでもフォークで食べても自由なのです。ただお茶碗に添えているのがフォークだった場合、コードという目に見えない決まりごとに支配されている我々は、そのビジュアルにショックを受けるのです。これがミスマッチの力です。

そこで、たとえば隙間が狭くお米も落ちないフォークが新発売される場合、フォークがお茶碗に添えられていても不思議はないわけで、フォークとお茶碗のミスマッチが新製品のアイデアになる可能性があります。

右の絵は、ビールジョッキの代わりにカクテルグラスがバーで出てきた場合に起こる出来事を絵にしたものです。ミスマッチでカップルの喧嘩が起きそうですね。

ビール事件。

【ミスマッチ】

色のミスマッチで起こるイメージの変化

決まりごとはセットだけではありません。わかりやすいのが色の決まりです。色にはイメージがあるという話を前にしましたが、決まっている色を変えてしまうのもミスマッチです。合わない色を使うのですから見るほうはショックを受けます。オーストラリアでは消防車は黄色と決まっていますが、日本で黄色い消防車が走っていたらインパクトがあります。実際の社会生活では決まりごとは市民生活の約束ごととして重要ですが、コミュニケーションやエンターテインメントではそれを破っても自由です。

色のミスマッチで有名になったカシオの海外広告があります。Baby-Gシリーズでピンクの可愛い小さなGショックが売り物の広告シリーズです。この広告では「可愛い」の反対である、いかつい軍隊色の戦艦や戦車が出てくるのですが、それがみんなピンクに塗装されています。

このアイデアの延長があったらと考えて、右の絵を描きました。地味な軍隊カラーをピンクに塗って、空の戦闘機にしました。「強くてかわいい」というキーメッセージが何となく伝わるでしょうか。

つよかわいい。

【ミスマッチ】

自然現象であり得ないことをミスマッチで起こす

科学的な事柄を変更するのは不可能に近いのですが、イメージでは簡単にできます。夢や妄想の力は現実を超えられます。ミスマッチはそんな自然現象に関する当たり前も変更することができます。

たとえば南極と砂漠を組み合わせて南極砂漠をつくるとか、逆にサハラ砂漠も熱帯雨林にするとかですね。もっと身近で考えれば、東京の飛鳥山が火山爆発を起こしたらインパクトのある映像になりますよね。もうSFの世界です。あまりにも奇想天外で現実離れしているのがSFですが、それでもやってみたいことのひとつに暑い場所に雪を降らせるというのがあります。

沖縄には実際に雪を見たことがない人が多いので、北海道に行きたがるそうです。すると沖縄に雪が降る風景はミスマッチなわけです。ぜひ一度雪の沖縄を見てみたいものです。

沖縄と同じように、ハワイも雪と無縁ですね。ハワイに雪を降らせたらどういう風景になるのか、興味半分で有名なワイキキ海岸をハワイには似合わない雪の風景でミスマッチさせてみました。

ハワイの雪。

【ミスマッチ】＋【コントラスト】

鏡の中と外をミスマッチして真実を語る

ミスマッチは科学に反しても合わないことで何かを伝えるわけですが、前のページの自然の風景だけでなく鏡に映る像についても成立します。鏡像が逆のものやコントラストの強いものなら、逆転や対比のレトリックでもあります。アイデアを考える時に違和感を優先的に考えたい場合は、ミスマッチをつくるのだという気持ちを強くして発想するとミスマッチなアイデアが生まれます。たとえ結果が逆転やコントラストになろうとそれはどうでもいいことなのです。本書では発想しやすい分類をしていますのでアイデアが重なるケースがあります。

鏡像のミスマッチ効果とは、鶴の恩返しのように美しい娘が鏡に映ると鶴であることが見えてしまうという効果ですね。これは鏡によって隠れていたある真実を暴き出す効果となります。

右の絵は、女性の化粧品が化粧台の上に並んでいるところですが、鏡の中に写っている真実は、化粧が女性の武器であり、女性は化粧で武装して外出するのだということを描いたミスマッチなアイデアです。

戦いの武器。

【ミスマッチ】＋【結合】

地図のミスマッチで本場感を伝える

地図も科学的記号のひとつですので、地図の事実と違う見せ方でミスマッチな表現が可能です。琵琶湖をカスピ海にしたり、北海道をオーストラリアにするなどです。北海道のニセコは、オーストラリア人にスキーのできる場所として人気があります。ニセコの観光協会が広告するとしたら、この北海道がオーストラリアになったビジュアルを使うと面白いものができそうです。

ただし、地図を使ったミスマッチのアイデアでは注意を要することがあります。地図の場合、ミスマッチであることがわかりにくいということがよく起こります。たとえば伊豆半島をフロリダ半島にミスマッチさせてもフロリダ半島にしか見えなかったり、伊豆半島にしか見えなかったりします。また、地図に詳しい人でない限りその差が意外にわかりにくいものです。

そのことを十分に意識して右の絵を描いてみました。長靴の形をしたイタリア半島を、三浦半島に変えてミスマッチを起こしました。あまりアップにしないで、東京湾や房総半島まで入れるとミスマッチ感が強くなります。

湘南のイタリアン。

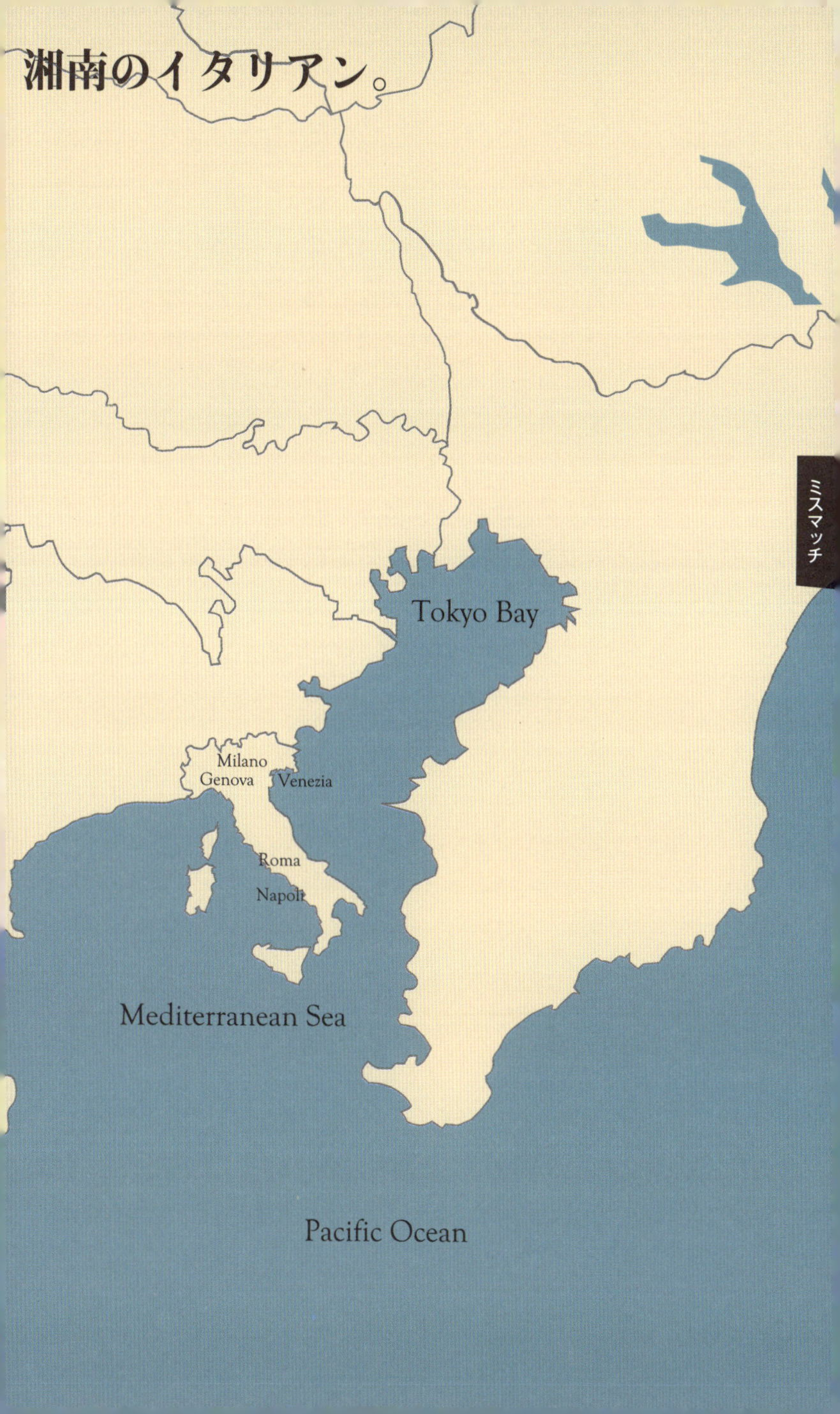

Tokyo Bay
Milano
Genova
Venezia
Roma
Napoli
Mediterranean Sea
Pacific Ocean

79

【ミスマッチ】

フォントの使い方を意図的に間違えるミスマッチ

文字のデザインでミスマッチを考えてみましょう。文字のデザインは書体といって姿や形、雰囲気がみな違いますね。文字は読ませることが目的ですが、書体の違いでイメージまでも伝えてしまいます。ですからロゴやタイトルに使われる文字は、厳選してその本体のイメージを伝えられるような書体が選ばれます。VOGUEならパリのファッションとエスプリを感じるような書体とか、Philipsならオランダ系の電機会社らしい書体が選ばれます。なるべくイメージに合わせて、ミスマッチが起きないようにするのが鉄則といえます。

文字で書かれる都市名や地域名にもイメージはつきものです。右の絵は、文字デザインはその都市や地域名に合わせて選ばれなければならないという常識に挑戦したものです。フォント会社の広告として、この常識を逆利用してわざわざミスマッチな書体で文字を見せました。伝えたいメッセージは「フォントは正しく選びましょう」。上品でかわいい書体であの凄惨な場所アウシュビッツの地名を書いたものです。

フォントは
正しく選びましょう。

Auschwitz

11

常識から
余計なものを減らす

【単純化】（黙説・省略・短縮・減量・隠す・クローズアップ）

枠組みを変えるレトリック

⑪【単純化（黙説・省略・短縮・減量・隠す・クローズアップ）】

単純化したくなる
人間の本性に根ざしたレトリック

単純化はレトリックではこう呼びませんが、いろいろな単純化の仲間として共通するものをひとつにくくった「省略関係」を代表するレトリックと考えてください。本来のレトリックですと言葉のレトリックが中心ですから、単純化の代表である「黙説」はわざと語らないレトリックにしかすぎません。現代の言葉や視覚表現ではもう少し広い意味の、省略、短縮、隠微、クローズアップまで含めて単純化のグループと考えてまとめたほうがアイデアは発想しやすくなります。

現代の日本語の使い方を見ると外来語が増えてきたせいか本来の英語などを短縮した、いわゆる日本語英語が増えてきています。パーソナルコンピュータはパソコン、マクドナルドはマックやマクド、ゼミナールはゼミ。人の名前では、サトエリとかナベとか呼びます。無印良品はMUJIですし、本命向けでないチョコレートは義理チョコです。これは長い言葉が言いにくいことで、人間が持っている短縮したい習性の結果だと思います。

単純化や省略は、人間が本来持っているレトリック的傾向という性質を示しているのではないでしょうか。また黙説のように語らないことで語ったり、隠すことで暗示したりと、省略は大いに研究すべきテーマを持っているように思います。

ビジュアルにおいても漫画や公共サインにおける単純化や、隠すことによるコミュニケーションは現代の重要なレトリック的表現だと思われます。商品のシンプル化はデザインの美しさの永遠のテーマでもあり、決してなくならない目標でもあります。

小説の単純化、黙説

本来単純化のレトリックである黙説について、日本のレトリック研究家の代表格である佐藤信夫さんは『レトリック認識』の中で、「《黙説》はその沈黙によって想像力を挑発する。」と書いています。わざと書かないことで、読者に想像させる方法が黙説なのです。黙説が隠すことの効果で想像させるレトリックと考えれば、小説に使われる「……」などの伏せ字やわざわざ言わない省略が小説の典型的な単純化の代表であると思われます。

右の太宰の小説一文「そして、否、それだけのことである。」ですが、この「否」の効果は、言おうとして言わないことを表しています。何か他のことも言いたいけど、というニュアンスが残るので読者が想像することを期待した言い方ですね。山本周五郎は、実際には言ったけど読者には言わないという、質問が省略されている言い方です。夫人の答えで想像するしかありません。まるでサスペンスのようです。

ふかい朝霧の奥底に、海水がゆらゆらうごいていた。
そして、否、それだけのことである。

（太宰治『道化の華』）

私は茶を啜《すす》ってから、質問した。
「そうでもないわ」ときん夫人は云った。

（山本周五郎『青べか物語』）

広告コピーにおける単純化

　広告コピーにおける単純化は何かを省略しているように見えないものが多いことに驚きますが、その中で佐藤さんの安田生命はどこを省略したという説明がコピーになっているのがユニークです。長沢さんのサントリーローヤルはどんな男かを省略して、「あんな男」というひと言で見る人に想像させるコピーですね。糸井さんのサントリーレッドは「ロマンチックなことがしたいなあ」を短くして「ロマンチック」という形容詞を名詞にしてしまいました。仲畑さんのアデランスは「をつけている」が省略されている現代的表現です。佐々木さんの東海旅客鉄道は「京都に」の「に」だけを省略したコピーなのに一世を風靡しました。

大変なことが多い人。
略して、大人という。

1997年　安田生命　C：佐藤康生

ランボオ、
あんな男、
ちょっといない。

1984年　サントリー／サントリーローヤル　C：長沢岳夫

ロマンチックが、したいなぁ。

1981年　サントリー／サントリーレッド　C：糸井重里

「アデランスは誰でしょう?」

2010年　アデランスホールディングス　C：仲畑貴志

そうだ京都、行こう。

1993年　東海旅客鉄道　C：佐々木宏

ビジュアルの単純化

単純化は、コピーよりもビジュアルでの効果が大きいように思います。漫画は誇張の力もありますが、特徴を単純な線や面に整理凝縮して描かれる単純化のエースです。漫画に限らず、ビジュアルの世界はまだまだ単純化を使ったコミュニケーションやものがいっぱいあります。ビジュアルにおける単純化の基本といえば、シルエット表現だと極論できるのではないでしょうか。シルエットは輪郭以外のディテールを省略することによって、暗示効果が高くなり見る人の想像力を刺激します。

シルエットが公共サインに用いられるのは単純性による視覚的認識のしやすさだけでなく、コントラストの強さが視覚的受容のスピードに結びついているからなのです。シルエットの持つこの優れた特徴は非常口や身障者マーク、公共サインのデザインになくてはならないものとなっています。

単純化は広告表現においては、意図的にあるものを消滅させたり、隠したりする表現のアイデアも生み出しました。結合やミスマッチの逆で、減らすことによるコミュニケーションですね。写真や映像の世界では、望遠やズームレンズの開発により全体を省略して一部分をクローズアップで見せることができるようになりました。

商品の世界では、スマートフォンを筆頭にパーツの電子化や超小型化技術のおかげで、複雑だったものの形を単純にすることができるようになりました。

【単純化】

最もポピュラーな単純化
シルエット

伝えるスピードが速いシルエットは公共マークに適していますが、企業やブランドのロゴマークにも多用されます。アップル社の有名なりんごマークは、りんごをかじった跡がシルエットによって暗示力を高めています。カンタス航空のカンガルーやクロネコヤマトの親子猫など多くのブランドがシルエットを用いる理由は、モチーフのシルエットによる暗示効果の強さからだと考えます。

シルエットは影絵でもあり、現代では明るい背景に逆光でディテールを黒くつぶす写真や映像の技法として確立しています。これも見る人の想像力をかき立てる暗示作用がものをいっているのだと思います。

シルエットは安く早く描く必要があった人間の肖像画から発展してきたもので、今では多くのキャラクター表現にも使われます。右の絵では、アメリカと日本の有名なキャラクターのかなりの部分を隠して、その一部らしい部分をシルエットで暗示しています。こうして2人が揃うと世界平和が達成しそうなほど明るい勇気がわいてきます。

日米関係。

81

【単純化】

細部を省略した単純化で風景を表現する

ディテールの単純化はシルエットだけとは限りません。白黒化と階調を省略することで、線だけによる漫画やイラストをつくることができます。また、誇張のレトリックが単純化と一緒になれば、強い漫画やキャラクターが生まれます。たとえばキティちゃんの場合、その耳やひげの誇張表現と階調の単純化がいっしょになってキャラクターができたわけです。

猫や人間と同じように風景や情景も単純化が可能で、絵画の世界では風景画さえ大胆に色によって単純化してきました。絵画そのものも抽象に向かってある意味で単純になっていきます。抽象画の祖であるモンドリアンの絵画は、階調をなくして線と面の分割まで到達しました。

階調の省略という単純化を使った例として、空から見た黒部峡谷鉄道の風景をもとに階調を単純化しました。冬の風景は全景が白くおおわれて自然の力で単純化されますよね。さらにここでは光による階調をなくしトンネルを省略し、線路だけを強く残します。こうするともう地図寸前になりますね。

冬の黒部峡谷。

【単純化】

弦を3本減らすことで何かを伝える

減らすことによって何かが伝えられるという方法を紹介します。いわばビジュアルの減量です。

海外のダイヤモンド会社の広告で、目から上と、胸から下が写っていないハダカの女性が出ている写真があります。この女性の首の周りには、ダイヤモンドだけがネックレスの形をした位置に浮いて連なっています。つまりネックレスからダイヤモンドを結びつけている金属の輪をとってしまっている状態です。このことでジュエリーにとっては、あるいは女性にとっては金属部分よりダイヤモンドの部分が重要なのだと主張しています。あるべきところにないという視覚上の欠落感が、違和感となって伝える力を生んでいます。

右の絵も、減らすことの効果を狙ったアイデアです。なくてはならないものがないというビジュアルは強い違和感や不安感を呼び起こします。バイオリンには4本の弦はなくてはならないものですが、バッハの『G線上のアリア』は、たった1本のG線だけで弾ける曲なのですね。このアイデアでCDジャケットをつくりたいものです。

G線上のアリア。

88

【単純化】

ブランドのラベルを消すことで飲み方を伝える

消去のアイデアを使った広告について話したいと思います。メキシコのコロナビールが日本に上陸した頃、ブランドがまったく無名の時代がありました。一般的にビールの新商品は、競合に対する優位性（USP）をメッセージにしてつくることが原則です。コロナはトウモロコシを原材料とするメキシコのビールですから独自色は強いのですがメキシコ料理店ではなく、一般のレストランやカフェバーで出してもらうにはそれなりの戦略が必要です。クライアントは大手ではない流通販売会社なので広告費もあまりかけられません。バーなどのマスターやマスコミに率先して薦めてもらわないと、大きく売れるはずもありません。そこでメッセージを「飲み方にルールのあるビール」だけに絞り、アイデアを考えた訳です。

飲み方のルールのひとつが「ライムで飲むビール」なので、この単純化を考えました。思い切って普通のブランドではタブーなことですが、ブランドラベルを瓶から消してしまいました。飲んだ後にはライムが残りますので、その空瓶とライムを印象的に描きました。

空になってもわかる。

84

【単純化】

部分を消滅させる単純化で絶滅の危惧を伝える

最近はWWFを筆頭に世界的規模の団体から地域の小さな団体まで自然保護団体の活動が盛んです。特に広告においては公共広告の代表として、各国で盛んに広告がつくられています。特に広告賞の公共広告部門では、これらの自然保護団体がクオリティの高い広告をつくることに定評があり、画期的なアイデアを提供しています。

こうした自然保護運動のテーマはいろいろありますが、典型的なメッセージは絶滅危惧種を救うというものが多いような気がします。いろいろなレトリックでアイデアを考えることができるはずですが、消えていく危惧を表現するのに単純化のレトリックは使いやすそうです。よくありそうなのは幽霊のように薄くなって今にも消え入りそうなアイデアですね。

右の絵は、絶滅危惧種に指定されているグレービーシマウマです。消えてなくなりそうなことを表現するため、シマ以外の部分を消してしまいました。すると半分は風景の中に溶け込んでしまうように見えます。単純化でもこれは部分を消滅させる方法です。

絶滅危惧種。

【単純化】

見せないことで想像力を刺激する隠すという単純化

今までのシルエット化や消滅・省略以外に単純化のアイデアはまだあります。ここでは「隠す」に関する単純化のアイデアの話をします。消したり減らしたりする単純化は、「何が消えたのだろう」というような反応を起こすので見る人の想像力を刺激するアイデアですが、さらに見る人をじらすアイデアに「隠す」があります。

フォルクスワーゲン・ポロの広告で、日本でも知る人ぞ知る雑誌『アーカイブ』の表紙になったものがあります。この広告の画面では、ロゴやコピーの入っているホワイトスペースがニューヨーク・マンハッタンの街にいるキングコングの足元を隠しています。筆のタッチを生かしたイラストで描かれたものですが、このキングコングは何かを踏みつけたようで足を抱えて悲鳴を上げています。隠しているスペースにはコピーで「小さいけど丈夫なポロ。」と入っています。誰にでも隠れているものがわかります。

右の絵は、ジョーズを彷彿とさせるヒレだけ見えて体が見えない絵ですが、ここに隠れているのは何でしょう。それは鮫に似ているけど魔女ですね。

○と○の競争。

86

【単純化】

部分を拡大してみせる クローズアップという単純化

クローズアップは本来、写真や映画の手法のひとつですが部分だけを見せるという意味において単純化のレトリックの仲間と考えます。ですから当然、写真表現が多くなると思います。普通の視点では見えないものを接近や拡大することで発見するアイデアでしょうか。言葉のアイデアではなく視覚に関するアイデアですね。

また、クローズアップ効果には見せたくない周辺の視覚情報をカットすることで、見る人の意識を見せたいところに強制的に集中させることができます。映画やドラマで全体を写している間に目元のクローズアップが挿入されるという手法では、主人公の心の動きが見ている人に届きます。

クローズアップのレトリックをうまく使うには、使い古された一般的な手法としてではなく、新しい組み合わせとして新鮮に使う必要があります。右の絵は、木の葉のクローズアップです。アップにすることでさらなる木を葉の中に発見したもので、そこには虫に食われた痕が鳥のように見えます。

葉の中の木。

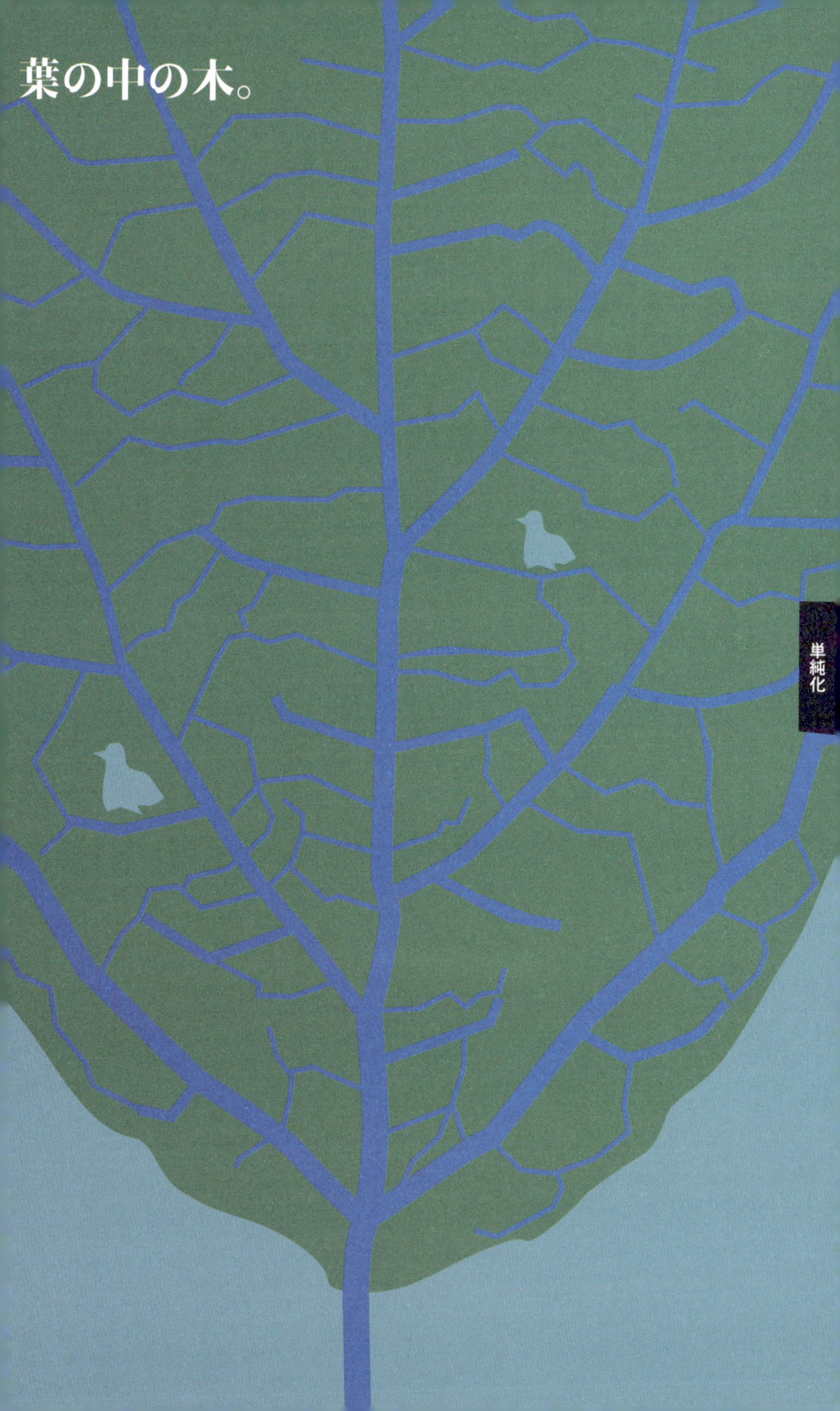

【単純化】

針のない時計
単純化による商品企画

デザイン史におけるモダンデザインの流れは、ある意味で単純化の歴史と考えることができます。バウハウスからはじまるモダンデザインは、デザインの公平性や民主化を実現すべく経済的で大量生産に適したシンプルなデザインを生み出してきました。ものの形もなるべく正方形や球などのシンプルなものが正義であるように思えてきたものです。何でも単純化すれば美しく見えるのです。装飾性を見直すポストモダンの時代を経て、ではシンプルなものがなくなるかといえばそんなことはありません。人は目的によって使い分けているのです。

単純化のレトリックが今後商品企画でどう生かされるのかはわかりませんが、人と違うという意識がある限り、人と違うものに単純化を生かす必要があります。

右の絵は、時計の針をなくした単純化です。時計が家にたくさんある時代、針がない時計があってもよいのではないでしょうか。さらに針がなくなれば文字盤もいらないはず。点が時間を示せればシンプルな新しい時計の可能性が見えてきます。

サークル時計。

12

常識やルールから
増やしてみる

【増量】

13

なくてはならない
ものを
引き離してみる

【分離】

枠組みを変えるレトリック

⑫【増量】⑬【分離】

単純化の逆、増量
結合の逆、分離

増量と分離のレトリックも従来のレトリックにはない言葉ですが、組み合わせの概念としては存在するので、ここにまとめて書きたいと思います。また、実例も他のレトリックと比べると少ない傾向です。どちらのレトリックも従来は広い誇張表現のひとつとして説明される傾向がありましたが、新しい組み合わせをつくり出そうという発想者の取り組みやすさを考慮して独立して説明します。増量も分離も、ともにビジュアルアイデアに適する傾向があります。また、商品企画ではオールインワンやラーメンでいう全部入りもそれに当たります。

「増量」は、単純化の逆のレトリック発想法です。言葉のレトリック「黙説」に対しては「過剰」といえるし、「短縮」には「回り道」、「隠す」には「ひけらかす」、「クローズアップ」には「広角やパノラマ」といった言葉が増量を表していると思います。その中では「減量や減らす」に対する「増量」が使いやすそうです。

「分離」は、まったく異質なものを1つにしてしまう「結合」のアイデアの対極の考えで、１つであると思っていたものの要素を分離して新しい認識を示すレトリックです。たとえば漢字の「駅」は「馬」と「尺」の結合でできていますから、分離してビジュアルに戻すと、言葉の成り立ち図鑑ができるようなものですね。

広告コピーに見る増量と分離

広告コピーでは意外と少ないのが増量のレトリックです。岡部さんの東日本旅客鉄道では「結婚とは故郷が増量すること」を発見しています。

分離を使ったコピー、田口さんのジャワティでは、「夢のための辞表」を左右のポケットに分離してしまってしまいました。夢の擬物化のレトリックも使われています。眞木さんの三陽商会は、まさに「恋愛」という１つの言葉を分離して別のものにしてしまいました。

故郷が二つになることが、
結婚だったんだね。

1988年　東日本旅客鉄道　C：岡部正泰

右のポケットに夢、
左のポケットに辞表。

1990年　大塚ベバレジ／ジャワティ ストレート　C：田口まこ

恋さえあれば、
愛などいらない。

1997年　三陽商会／バーバリー・ブルーレーベル　C：眞木準

ビジュアルに見る増量と分離

増量と分離は視覚で確認しやすいという点でビジュアルのアイデアに向いていると言いましたが、実際の広告例がそんなにあるわけではありません。まだ未開発の鉱脈のようなもので、ここにビッグアイデアが潜んでいる可能性はあります。

増量のビジュアルは、お化けの世界では減量によって一つ目小僧が生まれる一方、三つ目小僧も存在するというようなことですね。海外のキャットフードの広告で、２つの味を表現するアイデアとして四つ目の猫というのがあります。インパクトは強いのですが気持ち悪く感じる人がいるかもしれません。例が少ないだけで可能性はこれからです。

分離のビジュアルの例も多くはありませんが、せっかく人間が２つのものを１つにした例は多いので、それをもう一度考え直すにはよい機会ではないでしょうか。特に文字や公共サインのビジュアルは組み合わせでできているにもかかわらず当たり前と思い込んでいるものだけに、そこに切り込むアイデアがたくさんあるはずです。

88

【増量】

ロンドンの増量化は三階建てバス

増量のアイデアを考える時は、1を2に、2を3に、3を4にというように、決まっている数でできているものをまず増やしてみることです。創造には常識を壊すことが必要ですので、いろいろなものを増量してみましょう。高さに関しては五重塔が思い浮かびますね。これだって八重の塔ぐらいにすれば、意表を突くことができます。映画『千と千尋の神隠し』では木造6階建ての温泉料理屋旅館のような建物が記憶に残っていますが、それは木造の限界を超えた非常識な規模と階数になっているからです。でも上海、豫園地区や台湾に行けばたくさん見ることができるので、日本での常識と中国での常識は違うのでしょう。

最近のロンドンの物価高には驚きました。公共交通機関やホテル、ランチなど本当に高くて大変です。一方ロンドンの建築物は、歴史を大事にする国だけに建て替えも少なく、高さも低く抑えられてきましたが、最近はガーキンビルのようなモダンで高層のビルが増えてきました。右の絵では、警告も込めて2階建ての名物ロンドンバスを1階増やして3階建てにしました。

なんでも高いロンドン。

【増量】

信号の増量化でニュアンスを伝える

なくてはならない公共サインのひとつに交通信号があります。信号は世界中で共通の３色で示されます。そんなところが常識を壊すレトリックの組み合わせ練習にぴったりなのです。レトリックは決まりごとや習わし、常識だけでなく法律を壊してみせることも可能で、推理作家が小説で殺人を描くように、レトリックもいろいろな決まりごとをイメージ上では自由に破壊できるわけです。

もちろん信号は安全のための約束ごとですから、実際の生活では破ってはいけません。でもビジュアル上では積極的に破ってみましょう。

まず、緑と赤を逆転してみましょう。意外にわかりにくく、違和感が少ないですね。それは見た目上、位置が変わったにすぎないからです。歩行者信号なら違和感は出ます。歩いている人の絵が赤になるのですから。

右の絵は、信号を６個に増量しています。下の信号は気持ちを表した、ピンク、黄緑、紫が点灯するようにして、運転者に優しい注意を促します。ピンクなら可愛い気持ちになって優しく止まれということでしょうか。

可愛く止まれ。

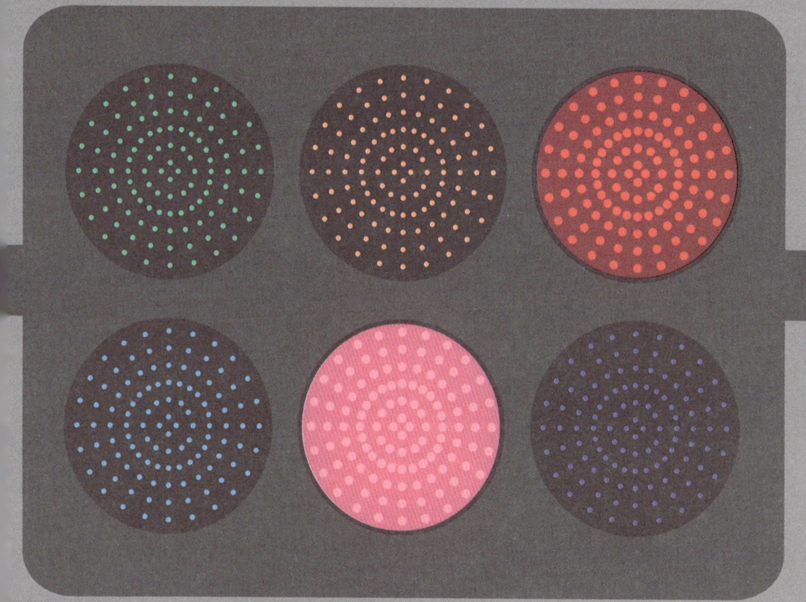

90

【分離】

禁煙サインを分離して喫煙は外でと伝える

結合していることが当たり前のものがたくさんあります。月にウサギとかスカイツリーに展望台とかです。こうしなくてはならない組み合わせの常識を、分離したり引きはがしたりして見せることで何かを伝えるのが分離のレトリックです。たとえば月ではウサギが引っ越しのために月を出発するとか、スカイツリーでは展望台がタワーから離脱して、空飛ぶ円盤として宇宙に向かうといったアイデアをつくる時に有効です。

注意するポイントとしては、見る人にとって離す前が想像できるような形で分離することが重要です。そのためには引きはがした直後の状態が理想的ですね。完全に離れてしまうと別のものに見えすぎてしまいますので。

右の絵は、公共広告における分離のアイデアです。おなじみの禁煙マークですが、ここでは中で喫煙せずに外で喫煙するよう呼びかけています。それを伝えるために禁止を表す赤いサークルと斜線でできたシンボルから、タバコのシンボルが外に向かってズレています。さらにガラスによって内部と外部を暗示しています。

外で喫ってください。

【分離】

イチョウのマークを分離してゴミにする

製品やものにはロゴマークがつきものです。つきものには分離のアイデアを駆使するチャンスがあります。特に具体的なものを示唆するマークは、分離するには最適ではないでしょうか。動物や人間をモチーフにしたマークは、それを分離すると何かが語りやすいからです。

たとえば日本航空の釧路就航を告知するテレビCM。釧路上空を飛んでいる時に下には仲間の丹頂鶴がいて、合図すると尾翼のマークとなった鶴が、尾翼から離れて釧路湿原に飛んでゆくというアイデアが考えられます。CMは時間を使えるので離れるところが十分にわかるのですが、平面広告では離れるところが見せられないので、そのことがわかる工夫が必要です。

右の絵は、少し前の東京都のゴミ収集車（今はこのマークを使っていないゴミ収集車が増えました）です。濃いブルーのボディに白いくっきりした東京都のイチョウマークがついているのでおなじみでした。神宮絵画館前のイチョウ並木の下ではこのイチョウマークも黄葉して、他のイチョウたちと一緒にゴミになっている情景です。

東京のゴミ。

92

【分離】

分離のアイデアでキャンペーンをつくる

分離のレトリックを使ったアイデアは日本に少ないので、自分で考えているうちについ夢中になって同じような構造のアイデアを考えてしまいました。あるべき所からマークやキャラクターが脱出するというアイデアのフォーマットの話です。

こうしたアイデアフォーマットというのは、実はキャンペーンに適した考え方なのです。ストーリーが全然違うけれどアイデアのフォーマットを共通にすれば、同時に複数見せる並行掲載や時間的に継続させるシリーズ展開で、ブランドの積み重ね効果を得やすくなります。ソフトバンクのお父さん犬シリーズやBOSSの宇宙人シリーズのようなキャンペーンは、このアイデアフォーマットの継続で効果を上げているのです。

右の絵は、あるIC乗車カードに似せたものですがペンギンのキャラクターがユニークです。このペンギンが分離する（つまりここでは水に飛び込む）アイデアフォーマットで、次々と違うストーリーのキャンペーンができるはずです。

水に落とさないで。

【分離】

文字のパーツを分離して違う意味の文字をつくる

文字、特に漢字にはパーツがたくさんあります。だから漢字を使うと文字遊びができます。北千住丸井の食遊館にある絵文字と漢字の組み合わせのように面白いこともできますが、文字のパーツを分離して意味を組み替えることも実はできるのです。

CMを想定してダイエット用のドッグフードのアイデアを考えてみましょう。漢字でCMをつくります。「犬」という字がまず画面に大きくあります。そこに小さい犬が現れて「犬」の右上にある点「、」をくわえて引き離します。そうすると文字は「大」になります。犬が「、」をくわえたまま大の文字を横断して「大」の下に入って、「大」の間に「、」を置くと、「大」は「太る」に変化します。CMだからできる分離+結合のアイデアです。

右の絵は、上のアイデアを応用して英語で考えた例です。英語で似ている文字同士は「E」と「F」ですね。似た形なのに意味がつながる単語同士はないでしょうか。それは「Eat」と「Fat」です。そこでEの下の棒を引き離すと、EatがFatに早変わりします。

食べると太るよ。

14

常識やルールの
一部を
あり得ないように
強調する

【誇張】

枠組みを変えるレトリック

⑭【誇張】

あり得ないとわかることが重要
昔からのレトリック、誇張

誇張表現は、昔から誤解の多いレトリックです。大げさに言うことでさも本当であるように見せるのは嘘ですが、このような嘘は広告などの表現では規制されます。誇大表現と誇張表現は似ているので気をつけましょう。

誇張のレトリックでは物事をありえない程強く強調しなければいけません。見た人に誇張によって「そんなわけないけれど面白い」という反応を引き起こすことが目的ですから。もしかして本当かもと思わせる表現は「リアリズム」の、たとえばデモンストレーションなどの誇張のないリアルな表現の得意技です。レトリックではないアイデアと考えてください。

典型的な誇張といえば過大誇張と過小誇張ですね。物事をありえないほど大きく、高く、早く表現することを過大誇張と呼び、小さく、低く、遅く表現することを過小誇張と呼びます。「彼は稲妻よりもはやい」は過大誇張。「彼は亀よりもおそい」は過小誇張ですね。どちらもそんなわけがないことがわかりながら、速そうに感じたり、遅そうに感じたりする効果です。

誇張は昔から小説や文章によく採り入れられますし、コピーにもビジュアルにも使われるレトリック売り物の技法のひとつです。言葉の誇張のほうがビジュアルより激しい傾向がありますが、それは言葉がちょっとした誇張だとあり得ると誤解してしまう保証表現（効能効果を約束してしまうこと）になりやすいことに起因するのかもしれません。ビジュアルが保証表現になる場合は、言葉と一緒に表現された場合ですね。

小説の誇張

井上ひさしの誇張はありえないコミカルな誇張で、映像にすると秀吉の黄金茶室の中のようにユニークな表現です。また倉橋由美子の場合は、これが「冷やす」程度の言葉だと異常さが伝わってきません。やはり倉橋さんらしい極端な言葉ではじめてその世界が伝わってきます。

支配人は総金歯をにゅっとむいて笑ったので、あたりが黄金色に目映《まばゆ》く輝いた。

（井上ひさし『モッキンポット師の後始末』）

風はないが烈しい寒気があなたを冷凍し、あなたの内臓まで氷漬けにする……

（倉橋由美子『暗い旅』）

広告コピーの誇張

土屋さんのコピーは、歌にもなった有名な資生堂のコピーです。200ボルトではパワーが効いてきません。金持ちを億万長者というのに等しいですね。このコピーのよさはまた、瞳力を電圧というメタファー表現したところがいいのですね。渡辺さんの末廣酒造は、子どもの頃の感動的なお袋の味を誇張するために、お母さんを魔法使いに誇張しています。岩崎さんのサントリーローヤルは、数少ない重要な人の中に選んだよ、ということを伝えるもので誇張的お世辞でしょうか。眞木さんのは「労働の後はビールがうまい」ことの誇張ですが、反復する言葉による誇張ですね。

君のひとみは10000ボルト

1979年　資生堂　C：土屋耕一

母は、魔法つかいだった。

1981年　末廣酒造　C：渡辺直基

ぼくが、
一生の間に会える、
ひとにぎりの人の中に、
あなたがいました。

1986年　サントリー／サントリーローヤル　C：岩崎俊一

働けば働くほどビールは、うまくなる。

1987年　サントリー/バドワイザー　C：眞木準

ビジュアルの誇張

過大誇張と過小誇張の話をしましたが、ビジュアルではそれ以外に「あり得ない誇張」というアイデアがよく使われます。過大や過小ではなく、大げさであり得ない表現ですね。

以前つくったコロナビールのキャンペーンで、「ライムを入れて飲む、ルールのあるビール。」というメッセージをビジュアルにしたことがあります。この時のビジュアルが、過大でも過小でもない、ありえないビジュアルです。アマゾン川のような所で、コロナビールとライムを持っている人がいます。この人はピラニアに襲われて溺れそうになっているのですが、決してライムを離さないというものです。死にそうになっているのにライムを離さないというシーンは現実にはあり得ない、コミックのような世界ですね。

ビジュアルでは過小誇張も結構あります。人間が小さくなって説明する、いわば一寸法師やガリバーの小人的ファンタジーですね。

ありえない表現についてはこの後、例を出して説明しますのでそちらをご覧ください。

【誇張】

誇張の典型
過大誇張で文字をつくる

大きい、速い、高いなどの言葉は、過大誇張に適した言葉です。今度は漢字を使って過大誇張をやってみましょう。まず「速」は、しんにゅうの部分を新幹線の先頭のようにして右斜体に傾け、「束」の字の右半分をながーく引きずって流体のように流します。そうすると「速」と読むことができながら、速さを表現できますね。横に比較対象としての新幹線のぞみを配置してみせたら、「速」という文字が新幹線を超えることでもっと速く見せられますね。

大きいは難しいかもしれません。あんこ形のお相撲さんが、後ろ向きになってまわしが大の字になっているところでしょうか。いやこれはアナロジーになりますね。しかもお尻の割れ目が見えてしまう。

「高」は簡単ですね。もともと高いという文字が高い楼や城の形からできた文字のようで、幾重にも重なった感じが漢字の姿に現れています。できれば口の字がその中に2個あるので、これを反復誇張して積み上げようと思ったのですが、読めなくなってしまいました。そこで「高」の一番上の部分を読める範囲で高くしてみました。

タカイツリー。

95

【誇張】

影で過大誇張をすると気持ちが伝わる

影を使うと、ダイレクトすぎてちょっとわざとらしいなというアイデアも少しソフトになり、受け入れやすいものにすることができます。ミスマッチのアイデアですが、WWFの海外広告に「木を大事にしよう」というものがあります。このアイデアは、木がなくなってしまったアラブ諸国のどこかで、電柱の影がなぜか大木の木陰になっているという写真を使い、木の陰でホッとしている人を描いています。もともとはここに木があったんだろうなと感じさせます。影の違和感がなごませる広告です。

右の絵は、大阪の中心部付近の地図ですが、そこになぜか巨大な樹木の影がおおっています。木の高さが2000メートルぐらいになりますかね。まあ、樹木がこのようにあり得ないほど大きく育ったら大阪に木陰がたくさんできるのにと言いたいわけですね。この影の巨大さが過大誇張ですね。それを大阪でやってみました。大阪の中心部である西半分はもともと海だったためか公園や樹木が少なく、夏歩いていると暑さをきつく感じます。この大阪に巨大な樹木を植えて、その巨大な影で涼しくなってくれたらと思いつくりました。

大阪に足りないもの。

96

【誇張】

過小誇張で
イタリアの道を表す

一般に小さなもののよさなどをアピールするには、過小誇張が適します。ペプシコーラのミニ缶の広告には、冷蔵庫の製氷器を極端にミニ化して缶のミニをアピールしたものがありますが、これなども過小誇張に当たります。反対に、大きいことをアピールするために競争相手に過小誇張を使うといった、いわばネガティブアプローチ（自分以外の商品の不便さや問題点をアピールする）は海外でよく採られる手法です。

大型スクリーンを売り物にした海外のある映画館の広告では、一般の映画館の小さなスクリーンを過小誇張したアイデアでつくられたものがあります。洗面器に製氷機でつくった四角く小さな氷を浮かべ、おもちゃの小さな船が浮いていて、小さな氷に激突しそうな絵。タイトルに大きく『タイタニック』と書いてあって、コピーで「この映画館で見たらどの映画もおもちゃのように小さく感じますよ。」という内容のコピーが入っています。

右の絵は、イタリアの道の過小誇張。国旗の白の幅を過小誇張して、フィアットでもぎりぎりの狭さを表しました。

イタリアの道。

97

【誇張】

自然に反する誇張で 汚れに強い布をアピール

自然に反する誇張として考えられることは、まず水の流れに反する、風に反する、引力に反することですね。それぞれで誇張表現が可能です。

ちょっと考えてみましょう。水に関してはエッシャーの滝のような作品、だまし絵的ですが、滝が下から上へ流れたりする、いわば錯視的効果を使ったエッチング作品があり自然に逆らった誇張的絵画と考えられます。錯視的ではなく滝が上空に向かって上昇するようなビジュアルがあったら面白いですね。風に逆らう場合は、煙突の煙を使うのはどうでしょう。対比効果と一緒に使うと、煙突の煙は左に流されているのにたばこの煙は右に流れるというようなアイデアですね。引力に反するアイデアについては、宮崎駿監督の『天空の城ラピュタ』やシュールレアリズム画家のマグリット作品が引力に逆らっています。

右の絵は、クロスが汚れても大丈夫であることをアピールするもので、ワイングラスが倒れてもこぼれないという引力に反した誇張のアイデアです。

汚れに強い布。

【誇張】

枠からはみ出るありえない誇張

みんなが知っている決まり切った形やものについても、そこからはみ出すことは誇張です。伸びたり縮んだりすると増殖や分離に近づく場合もありそうですが、もともと誇張に入っていましたから気にしないで考えることが重要です。フォルクスワーゲンの広告例にある、自動車のキーが30センチくらいに伸びるというアイデアも長く伸びる誇張ですね。

枠にはまっているビジュアルとは、テレビフレームの映像や、切手やお札のビジュアルなどたくさんあります。その枠から伝えたい画像だけをはみ出させるという誇張をやってみましょう。

右の絵は、10円玉で考えたアイデアで、ここでは10円に描かれている植物の枝がコインの枠を超えています。たった10円でもたくさん集まれば大きいことができることを伝えたつもりです。1円の方がもっとよかったかもしれません。

このように身近なものでも、誇張のレトリックを使って枠からはみ出せば語れることはいろいろあります。

集まれば大きいことができる。

【誇張】

固いケチャップ
商品特性の誇張

商品特性を誇張のアイデアでビジュアルにするという方法が、最もスタンダードな広告のつくり方です。商品の最も差別化できるポイントだからといっても、消費者が興味を持つとは限りません。重要なのは見る人に強く伝わって印象に残すことであり、これこそレトリックが得意とする仕事なのです。

商品特徴を誇張のレトリックを使って効果的に表現した広告では、外国の電動ドライバーの例があります。この場合、あまりの速さでねじを木材に打ち込めるので、ハエが逃げる間もなく足をねじで固定されてしまった写真でした。これも商品特徴のあり得ない誇張表現ですね。

右の絵は、ケッチャプの固さを表した誇張のアイデアです。これほどケチャップが粘土のように固いはずはありません。見る人は誰も信じませんが、これだけの固さに対する自信がすごく伝わります。商品特徴もありえないほど誇張するなら、ブランドの姿勢が伝わるという例ですね。

固いケチャップ。

おわりに

アイデアのつくり方・考え方について、14のレトリックで紹介しました。この14以外にもレトリックはありますし、新しいレトリックが今後生まれることもあると思います。本書では、あくまでも14の典型的なパターンで紹介したにすぎません。でも、すでにあるここで紹介した14の組み合わせだけでも、まだまだ無限のアイデアができるはずです。これをきっかけに、読者の皆さんがそれぞれに画期的なアイデアを降らせてほしいと思います。

また、本書ではレトリックだけの話をしましたが、レトリックに対抗する考え方に「リアリズム」があります。真実ほど強いものはありません。特に写真、映像、広告表現などのコミュニケーションでは重要視されます。でも、重要なのは「当たり前や既成概念」をひっくり返せるリアリズムであって、その意味では当たり前の逆というレトリック的な組み合わせの考えが働いていることに注目してください。リアリズムの表現も、実はレトリックに関係するということなのです。

最後に、本書の使い方についてひと言述べたいと思います。本書を一度読み終わり、ほぼ理解しても捨てないでください。実際にアイデアを考える段になると、類型を忘れてしまうものです。その時に辞書のように14種類のレトリックをすぐに引けるよう工夫したつもりです。

何度も繰り返し読んでいくうちにアイデアのつくり方が馴染んできた

ら、自由に発想できるようになりますので、その時はもう必要がなくなるかもしれません。もし、常識の枠から出られなくなった時には、本書を開いて新たに常識に挑戦してほしいと思います。人間は常に常識の枠に戻ってしまいやすいものですから。

2013年3月
狐塚康己

引用・参考図書

『レトリック事典』（佐藤信夫・佐々木健一・松尾大共著、大修館書店、2006）

『レトリック感覚』（佐藤信夫著、講談社学術文庫、1992）

『レトリック認識』（佐藤信夫著、講談社学術文庫、1992）

『レトリックの記号論』（佐藤信夫著、講談社学術文庫、1993）

『坊っちゃん』（夏目漱石著、新潮文庫、1950）

『アイデアのヒント』（ジャック・フォスター著、阪急コミュニケーションズ、2003）

『アイデアのつくり方』

（ジェームズ・W・ヤング著、阪急コミュニケーションズ、1988）

『太宰治全集第九巻』（太宰治著、筑摩書房、1976）

『安岡章太郎集１』（安岡章太郎著、岩波書店、1986）

『脳は美をどう感じるか』（川畑秀明著、ちくま新書、2012）

『走る家族』（黒井千次著、集英社文庫、1978）

『新東海道五十三次』（井上ひさし著、文春文庫、1979）

『ノルウェイの森』（村上春樹著、講談社文庫、2004）

『雪国』（川端康成著、新潮文庫、1947）

『立原道造全集第二巻』（立原道造著、角川書店、1969）

『現代小説ベスト10 夜の回転木馬（駒田信二、菊村到、尾崎秀樹編、角川文庫、1977）

『脱走と追跡のサンバ』（筒井康隆著、角川文庫、1974）

『浮雲』（林芙美子著、新潮文庫、1963）

『倫敦巴里』（和田誠著、話の特集、1977）

『筒井康隆全集３』（筒井康隆著、新潮社、1983）

『羅生門』（芥川龍之介著、新潮文庫、1968）

『蕪村全集第一巻』（創元社、1948）

『虚人たち』（筒井康隆著、中公文庫、1984 改版）

『谷川俊太郎詩選集 1』（谷川俊太郎著、集英社文庫、2005）
『論語』（金谷治訳注、岩波文庫、1963）
『鑑賞日本古典文学第 32 巻 蕪村・一茶』（角川書店、1976）
『暗い旅』（倉橋由美子著、河出文庫、2008）
『虚航船団』（筒井康隆著、新潮文庫、1992）
『聖少女』（倉橋由美子著、新潮社、1981）
『晩年』（太宰治著、新潮文庫、1947）
『青べか物語』（山本周五郎著、新潮文庫、1964）
『モッキンポット師の後始末』（井上ひさし著、講談社文庫、1974）
『コピー年鑑』1963－1989（誠文堂新光社）
『TCC 広告年鑑』1990－1998（誠文堂新光社）
『TCC 広告年鑑』1999（宣伝会議）
『TCC コピー年鑑』2000（宣伝会議）
『コピー年鑑』2001（宣伝会議）
『コピー年鑑』2002－2003（六耀社）
『コピー年鑑』2004－2012（宣伝会議）

著者プロフィール

狐塚康己（こづかやすみ）

1946年東京生まれ。1970年千葉大学工学部工業意匠学科（現デザイン学科）卒業。J.W.トンプソン・ジャパンでアートディレクター、CM部長を経て、サーチ・アンド・サーチで副社長兼クリエイティブディレクター。その後コージー・ジャパンとM&Cサーチ設立。共立女子大学家政学部建築・デザイン学科教授を経て現在コージー・ジャパン会長。共立女子大学非常勤講師、千葉大学工学部デザイン学科特別講師、宣伝会議コピーライター養成講座講師。

図説　アイデア入門

言葉、ビジュアル、商品企画を生み出す
14 法則と 99 の見本

2013年4月1日　初版第1刷発行

著　者　　狐塚康己
発行者　　東 英弥
発行所　　株式会社宣伝会議
東京本社　〒107-8550　東京都港区南青山5-2-1
電話：03-6418-3331（代表）
http://www.sendenkaigi.com

装丁　　黒田早希（Concent, Inc.）
本文デザイン　アーティザンカンパニー株式会社
印刷・製本　シナノ書籍印刷株式会社

ISBN 978-4-88335-280-7　C3070

宣伝会議の雑誌

マーケティング・コミュニケーションの総合誌

月刊 宣伝会議

広告を中心に販促、PRと企業のマーケティング・コミュニケーション活動を扱う専門誌。「マーケティング＆クリエイティビティ」をテーマに、最新の理論や手法、事例を紹介。売上の拡大、企業ブランド向上に役立つ知識と情報をお届けします。

毎月1日発売　コード：24811／定価：1,200円（税込）

セールスプロモーションの専門誌

月刊 販促会議

「人が集まる」「商品が売れる」ためのアイデアを集めた販売促進の専門誌。販売促進の基本ノウハウから、WEBやモバイル、SNSなどを活用した最先端の成功事例まで売りの現場で役立つ情報が満載。店頭で生きる、明日から実践できるアイデアをお届けします。

毎月1日発売　コード：16721／定価：1,200円（税込）

広告クリエイティブ・デザインの専門誌

月刊 ブレーン

『ブレーン』は1961年に創刊した、広告・デザインをはじめ、プロダクト、建築、ファッション、アートなど、マーケティングコミュニケーションに関わるあらゆるクリエイティブを扱う専門誌。クリエイターを刺激する最新情報が満載です。

毎月1日発売　コード：07899／定価：1,200円（税込）

企業・商品広報、リスク管理の専門誌

月刊 広報会議

広報実務者の専門誌。被害を最小に留めるリスク管理と対策、メディアに取り上げてもらう攻めの広報、強い組織づくりのための社内広報など、他では学べない知識とノウハウを公開します。

毎月1日発売　コード：13793／定価：1,200円（税込）

「教養」「知性」を磨き行動につなげる

季刊 環境会議・人間会議

環境知性を暮らしと仕事に生かす、春と秋の『環境会議』。哲学を生活に活かし、人間力を磨く、夏と冬の『人間会議』。環境と哲学を軸に現代社会のあるべき姿を考えます。コミュニケーションのプロフェッショナルこそ必読の2冊です。

『環境会議』3・9月／『人間会議』6・12月発売　コード：24818（環境）、24817（人間）／定価：950円（税込）